마을목회 성경공부 교재

마을과 함께 주민과 더불어

하나님 나라를 구현하는 마을목회(1권)

〈마을목회 성경공부 교재〉 마을과 함께 주민과 더불어

하나님 나라를 구현하는 마을목회(1권)

2018년 9월 3일 초판 1쇄 인쇄
2018년 9월 8일 초판 1쇄 발행

엮은이 총회한국교회연구원
펴낸이 김영호
펴낸곳 도서출판 동연
등 록 제1-1383호(1992. 6. 12)
주 소 (03962) 서울시 마포구 월드컵로 163-3
전 화 (02)335-2630
전 송 (02)335-2640

Copyright ⓒ 총회한국교회연구원, 2018

이 책은 저작권법에 따라 보호받는 저작물이므로 무단 전재와 복제를 금합니다.
잘못된 책은 바꾸어드립니다.
책값은 뒤표지에 있습니다.

ISBN 978-89-6447-470-9 03200(세트)
ISBN 978-89-6447-471-6 03200

마을과 함께 주민과 더불어

총회한국교회연구원
〈2018 마을목회 성경공부 교재〉

하나님 나라를 구현하는 마을목회

1권

총회한국교회연구원 편
책임 편집 김도일

동연

발간사

"거룩한 교회, 다시 세상 속으로"라는 총회 주제처럼 이미 세상 속으로 들어가 '빛과 소금'의 삶을 살고 계신 모든 사역자들과 주님께서 펼치신 섬김과 사랑으로 현장에서 목회하고 계신 목회자들이 함께 힘을 모아 『마을목회 성경공부 교재: 마을과 함께 주민과 더불어』를 발간할 수 있게 하신 하나님께 기쁨과 영광을 올려드립니다.

이번에 발간하게 된 『마을목회 성경공부 교재: 마을과 함께 주민과 더불어』는 현장 목회자뿐 아니라 성도 양육을 담당하고 있는 모든 분에게 도움이 되고자 하는 마음으로 시작된 연구프로젝트였습니다. '마을목회'는 목회자와 리더를 비롯한 구성원들이 함께 엮어가는 한 편의 드라마와 같습니다. 예수께서 마을을 두루 다니시며 병든 자, 억눌린 자, 가난한 자들을 만나 고치시고, 해방시키시고, 채워주셨듯이 이웃과 함께하는 것이 '마을목회'입니다.

'마을목회'는 공동체와 이웃의 어려운 이들을 돕는 것을 넘어, 지역사회를 복음화 하는 큰 장점을 가지고 있습니다. 한국교회의 성장은 정체단계를 지나 침체의 위기 앞에 놓여있습니다. 교회를 향한 불신과 거센 반감은 주변에서 쉽게 접할 수 있습니다. 이런 목회환경에서 교회와 사회, 성도와 목회자 모두 주 안에서 충만할 수 있는 목회가 마을목회입니다.

불과 50년 전만해도 우리는 이웃의 숟가락까지 셀 수 있을 정도의 생활구조였습니다. 1960년대는 먹을 것이 부족한 시대였지만, 옆집에 끼니를 걱정하며 내 것을 나누는 '정'도 넘쳐나던 시절이었습니다. 안타깝게도 지금은 모든 것이 파편화되어 조각난 현실입니다. 강력한 접착제가 필요한 시대입니다. 찢기고 깨져버린 이 현실을 회복시킬 수 있는 강한 힘은 오직 주님의 사랑뿐입니다. 예수님께서 십자가에서 보여주신 헌신과 섬김의 '사랑', 그 사랑이 교회를 채워 완전히 회복시킵니다. 주님의 사랑이 교회에 차고 넘쳐 이웃으로 마을로, 지역과 나라, 온 세계로 흘러가게 해야 합니다. 하나님의 나라는 이렇게 이 땅에서부터 실현됩니다.

집필에 함께해주신 목사님들과 교수님들의 노고에 진심으로 감사드립니다. 또한 이일이 잘 진행되도록 애써주신 원장 노영상 목사님과 실장 김신현 목사님, 간사 이정희 전도사님의 수고에도 감사의 마음을 전합니다. 항상 본 연구원을 위해 기도와 관심으로 살펴주시는 이사님들과도 발간의 기쁨을 함께 나눕니다. 이 성경공부 교재를 가지고 진행하시는 모든 양육과 성경공부가 성공적으로 진행될 수 있기를 희망합니다. 하나님의 은혜와 평강이 모두에게 함께하시기를 기도합니다.

이사장 채영남 목사
(총회한국교회연구원)

추천사

　　하나님께서 창조한 이 세상을 바라보면, 세상을 사랑하사 독생자 예수님을 우리에게 보내신 주님의 크신 사랑으로 가슴이 뜨거워집니다. 하나님의 사랑 그 자체인 예수님은 제자들과 동고동락하시며 마을을 두루 다니시며 병든 자에겐 치유를, 눌린 자에게 자유를 선포하셨습니다. 이런 예수님의 실천적인 삶을 따라 우리도 마을을 두루 다니며 치유와 자유를 선포해야 할 것입니다. 120년 전, 복음을 들고 황무지와 같던 이 땅을 밟은 선교사들의 숭고한 정신으로부터, 가난과 기근의 시대, 자유민주주의를 수호하던 시대까지 교회는 세상에 요구에 답하며, 길을 제시하고 시대의 나아갈 바를 가리키며 실천하였습니다. 이 땅은 풍요롭고 번영된 삶은 하나님의 축복으로 되었음을 인정하지 않을 수 없습니다. 그러나 지금의 시대, 풍요하나 빈곤한, 자유하나 늘 외로운 시대, 단절되고 파편화된 이 시대의 요청에 교회는 어떤 대답을 하고 있습니까? 어떤 길을 제시하고 있습니까?

　　수십 년을 거치면서 한국교회의 현실은 냉담과 무관심 속에 어려워졌습니다. 강퍅한 삶의 무게 속에서 하나님에 대한 사랑도 점차 시들해가고 있습니다. 종교다원주의를 비롯한 반기독교적인 세력 등의 공격은 나날이 더 과격해지고 있습니다. 하나님이 창조하시고 우리를 통해 세상을 다스리시는 하나님의 선교가 이 땅에 온전히 실현

되기 위해선 무엇을 어떻게 해야 할까요?

우리의 모습이 교회라는 성 안에서만 생활하는 것은 아닌가 생각해봅니다. 이젠 문을 열고 나와 할 때입니다. 주님께서 마을을 두루 다니시며 하나님의 사랑을 실현하셨듯이 우리도 그렇게 해야 합니다. 세상을 섬기는 교회로 거듭나야 합니다. 이것이 시대의 요청이며, 하나님의 요청입니다.

마을목회가 절실히 필요한 시대입니다. 네 이웃을 네 몸과 같이 사랑하라는 말씀을 구체적이고 현실적으로 실천할 수 있는 마을목회가 실현돼야 합니다. 농촌 지역뿐 아니라 도시지역을 비롯한 나라와 전 세계에서 필요합니다.

이런 때에 마을목회에 대한 고민을 성경을 통해 배우며 실천할 수 있는 교재가 발간되어 매우 기쁩니다. 구약과 신약에 드러난 마을목회에 대한 말씀연구가 좋습니다. 특히 나눔과 묵상을 통한 실천을 할 수 있도록 한 것이 좋습니다. 무엇보다 현재 마을목회를 현장에서 실천하고 계신 권위자들께서 동참해주셔서 실제적인 교재로 완성되어 좋습니다. 부디 이 교재를 통해 교회가 생명력 있는 마을교회로 거듭나 역동적인 마을목회를 할 수 있는 기회가 될 수 있기를 기대해봅니다.

제102회기 총회장 최기학 목사

(대한예수교장로회 총회)

| 차 례 |

발간사 / 04

추천사 / 06

마을목회의 핵심 전략 / 11

1권 | 하나님 나라를 구현하는 마을목회   김도일

1장_ 하나님의 선교와 마을목회 | 한국일   19
2장_ 마을목회의 세계관 | 김승호   27
3장_ 마을목회와 하나님 나라 공동체 | 강성열   39
4장_ 마을목회와 지역교회의 연대 | 황홍렬   51
5장_ 마을목회와 선교적 교회론 | 김도일   63
6장_ 하나님 나라 사역으로서의 마을목회 | 정원범   75

2권 | 마을과 함께하는 교회   한국일

1장_ 예배의 장소에서 마을로 들어간 사마리아 여인
2장_ 공동체 기도의 전형인 주기도문
3장_ 교회교육과 지역사회 교육
4장_ 마을에서 세계로
5장_ 사회적 약자에 대한 섬김과 나눔의 책임적 신앙
6장_ 진정한 하나님의 사랑

3권 | 주민과 더불어 마을목회 실천하기 　　　　　　　　　　　신정

　　1장_ 생수의 강이 흐르게 하라 (광양대광교회)
　　2장_ 마을 속으로 (도심리교회)
　　3장_ 마을에서 만난 예수 (부천새롬교회)
　　4장_ 마을을 치유하는 교회 (태백연동교회)
　　5장_ 마을목회와 코이노니아 (성암교회)
　　6장_ 국경 없는 마을 (나섬공동체)

4권 | 세상을 살리는 마을목회 　　　　　　　　　　　　　노영상

　　1장_ 건강한 생태계를 만드는 마을목회
　　2장_ 함께 만들어 가는 희망의 복지공동체
　　3장_ 마을목회와 경제공동체
　　4장_ 아름다운 환경공동체 만들기
　　5장_ 건강한 마을교육공동체 만들기
　　6장_ 마을목회와 문화공동체

마을목회의 핵심 전략

그리스도의 진정한 사랑으로 마을을 품고 세상을 살리는 목회

2017년 대한예수교장로회 102회 총회(통합)는 최기학 총회장을 중심으로 마을목회를 정책과제로 삼고 운동을 시작해왔다. 마을목회는 한국교회 정체기에 있어 각 교회들이 실천한 생존전략들을 이론화한 실천적 목회 전략인 것이다. 마을목회는 제102회 총회의 주제인 '거룩한 교회 세상 속으로'를 구현하기 위한 목회 방안으로 핵심 전략은 다음과 같다.

1. '마을'이란 주로 시골지역에서 여러 집이 모여 사는 곳을 말한다. 그러나 '마을목회'는 농어촌 지역의 목회 전략을 말하는 것이 아니다. 마을이 하나의 **공동체**를 이뤄 그곳의 주민들이 서로 도우며 살 듯, 도시에서도 이런 공동체를 이루며 사는 것이 필요한바, 지역공동체로서의 **하나님 나라**를 동네 속에 세우기 위한 목회가 마을목회다.

2. 교회에는 여러 사명이 있다. 복음전도, 예배, 교육, 교제, 사회봉사 등이다. 마을목회는 이런 기능들 중 교회의 **사회봉사 영역에 치중한 목회 방안**이다. 그간 한국교회는 복음전도, 제자훈련, 예배 및 교육 등의 일들을 잘 수행해왔다. 그 같은 노력과 함께 마을목회로서의 대사회적인 교회의 기능이 잘 수행된다면, 보다 활력 있는 하

나님의 선교가 가능해질 것이다.

3. 마을목회는 주님의 십자가의 능력과 성령의 감화를 강조하는 목회 방안이다(갈 5:16-26). 주님의 칭의의 능력이 아니고는 아무도 이웃을 진정으로 사랑할 수 없는 것으로, 우리는 항상 주님께 의존하며 기도하면서 마을과 온 세상의 샬롬을 이뤄나가야 할 것이다(막 9:29, 사 11:1-9). 이와 같이 마을목회는 오늘의 시대에 기독교 사랑의 진정성을 보여주려는 목회 방안으로(요일 3:16-18), 우리는 **믿음에 따른 사랑의 실천**이 주님의 복음을 왕성하게 할 수 있음을 믿는다(마 5:16).

4. 마을목회는 이론에 앞서 실천을 중시하는 목회다. 마을목회는 본 교단의 교회들이 전개한 현실 목회에서의 노력들을 살펴 만들어낸 이론으로 **실천성**을 강조하는 운동이다. 그러므로 마을목회는 신학을 위한 신학이 아니라 교회를 위한 신학을 강조한다. 이전 해외에서 한국을 대표하던 신학으로 민중신학이 있었다. 사회현실과는 밀착된 신학이었지만 목회현실과는 거리가 있는 신학이었다. 이에 비해 마을목회는 목회현장에 충실한 사회봉사 신학으로, 사랑의 실천을 구체화하는 목회 방안인 것이다.

5. 마을목회는 **개인적 행복과 함께 공동체적 행복**에 관심을 갖는다. 이런 견지에서 마을목회는 지역사회를 공동체적 가치를 통해 만들어나가는 것을 강조한다(요 17:21-23). 마을목회는 오늘 우리 사회의 위기가 지나친 개인주의적 삶의 방식에 기인한 것으로 분석하여, 경제, 교육, 복지, 환경, 문화 등 사회 각 분야에 기독교가 강조

하는 사랑의 하나 됨과 공동체성을 불어넣을 것을 주창하는 목회 전략인 것이다.

6. 마을목회는 교회 밖의 주민들도 회개하고 믿기만 하면 주님의 자녀가 될 수 있는 **잠재적 교인**으로 생각하며, 그들을 목회의 대상 안에 포함시키는 운동이다(롬 3:29-30). 이런 의미에서 마을목회는 "마을을 교회로, 주민을 교인으로"라는 표어를 주창한다(요 3:16). 주님은 우리 안의 99마리의 양을 두고, 길 잃은 한 마리의 양을 찾아 나서시는 분이시다(마 18:12-14).

7. 마을목회는 **평신도 사역**을 강화하는 목회 전략이다(고전 12:4-31). 평신도의 역량을 강화하여 그들을 주민자치와 교회사역의 전면에 내세우는 목회가 마을목회다. 우리는 마을목회를 통해 대사회적인 봉사의 일은 평신도들이 우선적으로 담당케 하며, 목회자는 기도하고 설교하는 일에 전념하는 분담이 필요하다.

8. 마을목회는 지방자치 분권화를 통해 **마을 만들기 운동**을 전개함으로 우리 사회의 풀뿌리 민주주의를 정착시키려는 노력을 지지한다. 이에 마을목회는 관 주도적인 하향식 운동이 아니며, **주민주도적인 상향식 운동**이다. 이에 마을목회는 복음을 통해 마을 공동체를 행복하게 만드는 일에 교인과 주민이 앞장서는 주체적 시민의식을 강조하며, 마을의 일을 위해 함께 의논하는 민주적 소통을 중시한다.

9. 마을목회가 가능하려면 주민들의 주체적 역량이 전제되어야 한다(벧전 2:9). 마을 만들기를 위해서는 주민들의 자주성과 소통능력, 마을을 개발하는 일을 위한 핵심 역량과 주민의 민주적 시민정신

이 함양되어야 하는 것으로, 이를 위해 지역사회와 교회는 주민들의 **역량을 강화하는 교육**에 관심을 두어야 한다. 이에 제자직을 위한 성경교육과 시민직을 위한 시민교육이 중요할 것이다(마 28:19-20, 딤후 3:16).

10. 마을목회는 **삼위일체 하나님 안에 나타난 생명성**을 온 세상에 퍼뜨리는 운동이다(요 17:21). 삼위일체 하나님께서 세 분이시면서 하나이신 것과 같이, 우리는 개인주의와 집합주의를 넘어서는 기독교 복음의 강조점을 나타내보여야 한다. 이에 마을목회의 사역을 위해서는 상호 간 하나 됨과 네트워크가 중시된다(고전 12:12). 마을 속의 주민들의 연대, 교회들의 연대, 교인과 마을 주민 사이의 네트워킹, 교회와 관청, 마을의 학교와 기업 등과의 폭넓은 사귐과 관계적 통전성이 이런 마을목회를 활력 있게 할 것이다.

11. 교회가 성장하려면 교회 밖의 사람들을 전도하고 선교해야 하는데, 이를 위해서는 그들과의 접촉이 확대되어야 한다. 마을목회는 교회의 문턱을 낮추는 목회 전략으로, 교회의 봉사를 통해 **교회 밖의 사람들과 관계망을 확장**하여 그들이 교회 안으로 들어와 주님의 자녀가 되는 것을 쉽게 하는 목회 전략이다.

12. 마을목회는 전략을 세워 사회봉사의 사역을 추진하는 **과학적 목회 방안**으로 지역사회 개발 이론, 역량강화 이론 및 전략기획 이론 등의 방법론을 사용한다. 마을목회는 실천과 함께 일의 기획 과정과 사후 평가를 중시하는 목회 방식이다(엡 1:11).

⟨영문 번역⟩

The Core Strategies of Village Ministry

The Ministry to Brood the Village and Save the World, with the True Love of God

1. VM(Village Ministry) is the ministerial strategies of **urban cities** as well as farming and fishing villages.
2. VM is the ministerial device, concentrating **diakonia** of ecclesiastical functions.
3. VM is the movement showing the Christian true love toward the world, in Christ and the Holy Spirit(1Jn 3:16-18). We believe our **demonstrating God's love** will make church's evangelism vigorous(Mat 5:16).
4. VM is a device regarding **practice** as important. We have made this theory of VM, reflecting the practical endeavors of local church for their survival.
5. VM emphasizes both individual happiness and **communal happiness**(Jon 17:21-23).
6. VM regards the people out of church as the pre-Christians(Rom 3:29-30). They can be the Christians only through repentance and believing(Mat 18:12-14). So VM declares as the following

motto; "Whole Village as Extended Church, Whole Residents as Potential Church Members"(Jon 3:16).

7. VM emphasizes **the lay-ministry** for local service(1Co 12:4-31).
8. VM is connected with **the village building movement**(community development) of secular society as the down-up movement, leaded by not government officials but residents.
9. VM premises **the independent and democratic empowerment** of residents. So **biblical education and civil education** are necessary for VM(Mat 28:19-20, 2Ti 3:16).
10. VM is the movement based on the life characteristics of 'unity in diversity' in the doctrine of trinity(Jon 17:21). Therefore VM looks the network with various organizations as necessary(1Co 12:12). It is the important element to strengthen the solidarity among local churches for VM.
11. The expansion of relationship due to diakonia with the people out of church will **strengthen the church's evangelism and foreign mission**.
12. VM is the **scientific ministerial methodology**, adopting the means of the community development theory, the empowerment theory and the strategic planning(Eph 1:11).

총회한국교회연구원 〈2018 마을목회 성경공부 교재〉

마을과 함께 주민과 더불어

하나님 나라를 구현하는 마을목회

1권

1장_ 하나님의 선교와 마을목회
2장_ 마을목회의 세계관
3장_ 마을목회와 하나님 나라 공동체
4장_ 마을목회와 지역교회의 연대
5장_ 마을목회와 선교적 교회론
6장_ 하나님 나라 사역으로서의 마을목회

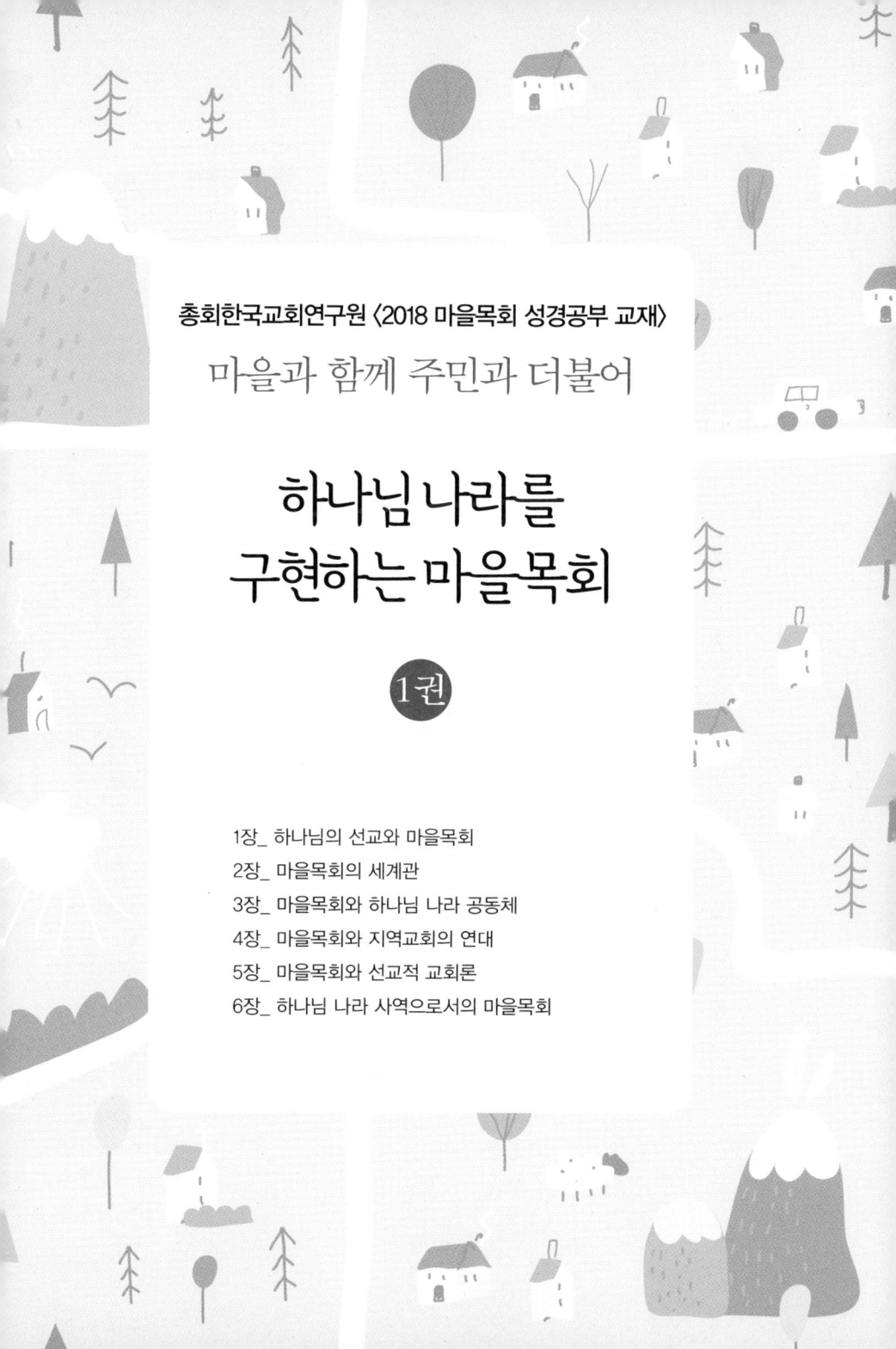

1 장
하나님의 선교와 마을목회

요한복음 3장 16절

16하나님이 세상을 이처럼 사랑하사 독생자를 주셨으니 이는 그를 믿는 자마다 멸망하지 않고 영생을 얻게 하려 하심이라

민수기 14장 1-8절

1온 회중이 소리를 높여 부르짖으며 백성이 밤새도록 통곡하였더라 2이스라엘 자손이 다 모세와 아론을 원망하며 온 회중이 그들에게 이르되 우리가 애굽 땅에서 죽었거나 이 광야에서 죽었으면 좋았을 것을 3어찌하여 여호와가 우리를 그 땅으로 인도하여 칼에 쓰러지게 하려 하는가 우리 처자가 사로잡히리니 애굽으로 돌아가는 것이 낫지 아니하랴 4이에 서로 말하되 우리가 한 지휘관을 세우고 애굽으로 돌아가자 하매 5모세와 아론이 이스라엘 자손의 온 회중 앞에서 엎드린지라 6그 땅을 정탐한 자 중 눈의 아들 여호수아와 여분네의 아들 갈렙이 자기들의 옷을 찢고 7이스라엘 자손의 온

> 회중에게 말하여 이르되 우리가 두루 다니며 정탐한 땅은 심히 아름다운 땅이라 8여호와께서 우리를 기뻐하시면 우리를 그 땅으로 인도하여 들이시고 그 땅을 우리에게 주시리라 이는 과연 젖과 꿀이 흐르는 땅이니라

1. 세상 바라보기

2018년 대한예수교장로회(통합) 교단은 교회들이 지향해야 할 방향을 "거룩한 교회, 다시 세상 속으로"란 표어로 제시했다. 이 표어에는 의미 있는 단어들이 들어있다. 첫째 '거룩한 교회'는 교회의 본질의 한 면을 언급한다. 교회는 세상으로부터 부름 받은 신앙공동체다. 그런 점에서 세상과 구별되는 하나님의 백성의 모임이다. 두 번째 '다시'란 말은 모이는 교회 자체가 최종목적이 아니란 뜻이다. 모이는 것은 흩어지기 위함이다. 이에 '다시'란 단어는 "세상 속으로"라는 말을 언급한다. 교회와 세상은 서로 다른 실체이지만 분리될 수 없는 관계를 갖는다. 교회는 '모이는 교회'와 '흩어지는 교회'의 이중적 차원이 있는데, 성장시대에는 모이기 위해 흩어지는 교회였다면, 오늘과 같은 저성장 시대에 지역사회와 함께 하는 선교적 교회가 되기 위해선 "흩어지기 위해 모이는 교회"가 되어야 한다.

2. 세상에서 성경으로

1) 신앙의 원리: 하나님이 행하신 일(사건)과 그에 대한 신앙의 응답

요한복음 3장 16절엔 성경과 복음의 핵심 주제가 함축되어 있다. 본문을 두 부분으로 구분할 때, 한국교회는 이 두 부분 중 무엇을 가장 강조하겠는가? 구원론 중심의 한국교회는 본문의 뒷부분을 강조한다. '영생'이다. "누구든지 저를 믿으면 멸망하지 않고 영생을 얻게 하려 하심이라."

본문의 올바른 이해를 위해선 본문의 성격을 잘 이해해야 한다. 일반적으로 한국교회는 이 본문에서 뒷부분의 '영생'에 초점을 맞추고 있지만, 우리는 본문의 두 부분에 모두 착목하여야 한다. 전반부는 하나님이 세상을 위해 행하신 사건이며, 후반부는 그 사건에 대한 믿음의 응답이다. 믿음은 나의 의지적인 행위처럼 보이지만, 사실은 하나님이 행하신 일과 말씀에 대한 응답으로 발생하는 것이다. 그러므로 믿음을 억지로 가지려고 하거나 다른 사람에게 강요하지 말고 오히려 하나님이 행하신 일과 말씀에 초점을 두고 그에 대한 정직한 반응, 즉 응답을 기대해야 할 것이다. 하나님의 일과 말씀을 어디에서 볼 수 있을까? 성경이다. 그러므로 우리는 성경을 통해 하나님을 발견하고, 만나고, 경험한다. 믿음은 이러한 과정을 통해 우리 안에 형성된다. 이런 신앙의 원리에서 오늘의 본문을 살펴보면 다음과 같다.

전반부는 하나님이 행하신 사건으로 하나님이 세상을 이처럼 사랑하신다고 선언한다. 하나님께서는 독생자를 주시기까지 우리를 사랑하신다. 이에 대한 반응이 후반부로서 하나님의 행하신 사건과 말씀에 대한 응답으로 되어 있다. 우리의 믿음은 하나님께서 세상을 사랑하신다는 것에 대한 응답이라는 것이다. 우리 믿음의 응답은 하나님께서 행하신 사건이 우리에게 의미 있는 사건이 되게 한다. 하나님께서 세상을 사랑하셨다는 것이 먼저이다. 그 결과로 내가 믿는 개인적 신앙뿐 아니라 나의 신앙의 내용이 형성되어지는 것이다.

르네 빠딜랴는 "개인이 믿고 고백한다는 점에서 개인적 차원이 있으나, 복음의 내용에는 세상과 우주를 상대로 증거 한다는 점에서 세상적이며 우주적 차원을 담고 있다."고 하였다. 전반부 없이 후반부만을 말하면 반쪽의 이해가 된다. 세상 없는 영생은 구원의 현실적 차원을 상실하게 한다.

〈질문 1〉 하나님은 세상을 사랑하신다고 말씀하신다. 이 말씀의 의미가 무엇인가? 우리에게 세상은 악한 것이라는 생각이 익숙한데 세상을 사랑하신다는 말씀은 무슨 의미인가?

2) 세상(cosmos)에 대한 하나님의 사랑

"하나님이 세상을 이처럼 사랑하사"라는 문장이 바로 뒤에 나오는 "독생자를 주셨으니"라는 뒷부분에 대한 이유와 목적을 나타낸다. 영어 성경은 더 분명하게 표현한다. "For God so loved the world that he gave his one and only Son…." 이 본문에서 중요한 점은, 내가 영생을 얻기 위해 예수를 주로 믿고 고백하기 전에, 개인의 신앙적 사건이 발생하기 전에, 나를 포함하여 세상 전체를 향한 하나님의 의도와 행위가 있었다는 것이다. 하나님께서는 나와 교회를 사랑하기 전에 먼저 세상을 사랑하셨다는 것이다. 나와 세상이 구원을 얻도록 예수를 믿을 수 있는 것은 하나님이 아들을 세상에 보내셨기 때문이며, 성육신 사건은 세상을 향한 하나님의 사랑으로부터 비롯된 것이다. 하나님의 사랑 안에는 세상 전체가 포함되어 있다. 세상은 하나님의 사랑의 대상이자 구원의 영역이다. 하나님이 우리 개인과 교회를 향한 사랑은 하나님이 이 세상을 사랑하신다는 사실에 포함되어 있다. 우리 교회가 속한 지역사회도 하나님이 사랑하신 이 세상 안에 있는 영역이다.

성경은 세상에 대한 다양한 이해와 관계에 대하여 말씀한다. 세상을 비관적이거나 낙관적인 시각을 넘어서, 비판적 의식을 갖되 그것을 넘어 세상을 사랑하고 구원하시는 하나님의 마음으로 보는 것이 필요하다.

성경이 제시하는 기독교적 세상에 대한 바른 이해를 갖기 위해서 우리는 성경에서 세상이 갖는 세 차원을 이해해야 한다. 첫째 세상은 하나님이 창조하신 영역이며 창조하고 "심히 좋았다"고 말씀한다(창 1:31). 세상은 본래 하나님이 인간을 위해 만드신 완전하고 아름답고 좋은 피조세계인 것이다. 둘째는 타락하고 부패한 세상에 대한 이해다. 사람이 하나님을 버리고 타락한 이후에 인간의 타락만이 아니라 세상 전체의 타락을 가져왔다. 세상은 하나님을 떠나 그 분을 배반하였으며 스스로 하나님이 되려 하는 영역으로 화했다. 바울은 이런 세상을 닮아서는 안 되는 영역으로 표현한다(롬 12:2). 세 번째 세상의 차원이 있다. 세상이 하나님을 떠나고 타락했음에도 불구하고 하나님은 한 번도 세상을 버리지 않았다는 사실이다. 누가복음 15장의 탕자의 비유에서의 아버지의 모습은 우리에게 하나님의 마음을 보여준다. 하나님은 세상을 여전히 사랑하셔서 아들을 보내어 타락한 세상을 회복하시기를 원하셨던 것이다. 이와 같이 요한복음 3장 16절은 하나님께서 창조하신 아름다운 세상, 그리고 타락한 세상과 구원하고 회복되어야 할 세상을 복합적으로 그리고 있다. 그렇기 때문에 하나님께서는 아들을 보내셨던 것이다. 성육신 사건은 이 세상을 향한 하나님의 넓고 깊은 마음이 담겨 있으며, 이것을 깨닫는 것이 그리스도인의 영성으로, 우리는 성육신 안에 담긴 하나님의 사랑을 마음에 담는 것이 필요하다.

〈질문 2〉 다음 성경본문들에 나타난 하나님을 떠나 타락한 사람들을 향한 하나님 아버지의 마음에 대해 이야기해 보자.

▶ 요한복음 3:17, 누가복음 15:20, 요나서 4:11

3. 성경에서 실천으로

교회가 세상을 위해 존재해야 할 이유를 우리는 다음과 같이 정리할 수 있다. "교회는 하나님을 위해 존재하고, 세계는 하나님의 세계이기 때문에, 교회는 세계를 위해 존재한다. 교회가 거룩하다는 것은 세상으로부터 분리가 아니라 세상 속에서 구별된 삶, 즉 세상과 다르게 산다는 것을 뜻한다"(마 5:13-16). 그러므로 하나님은 이 세상을 포기하거나 심판하지 않으시고 교회와 자기 백성을 세상으로 보내어 하나님의 이러한 마음을 전하며 보여주게 하신다(요 20:21, 17:18).

세상은 하나님이 일하시는 '하나님의 선교'(Missio Dei) 현장이며, 동시에 교회와 성도들을 파송하신 소명의 현장이다. 마태복음 5장 13-16절은 너희는 세상의 소금이며 빛이라고 말한다. 이런 세상에 대한 이해가 오늘날 교회가 세상 안에, 지역사회 안에 존재하는 이유다. 세상은 결코 교회나 성도가 등을 돌리거나 피해야 할 대상이 아니라, 오히려 적극적으로 우리에게 주신 소명과 사명의 현장인 것이다. 세상은 하나님이 창조하신 현장, 하나님이 사랑하시는 현장, 하나님의 선교현장, 교회와 성도를 파송하신 소명의 현장이라는 사실을 기억해야 할 것이다.

교회의 주변—가정, 학교, 직장, 매일 만나는 이웃—과의 관계가 모두 세상이다. 이곳에서 우리는 희로애락을 경험하며 살아간다. 때로는 기쁨이, 때로는 절망과 낙심과 후회가 우리 삶을 지배하곤 한다. 우리에게 주신 세상이 약속의 땅임을 믿음으로 알고 있는 그리스도인들은 하나님 선교의 주인공들로서 살아가야 한다. 그리스도인은 삶의 영역에서 창조주 하나님이 우리에게 주신 창조성을 믿음으로 실현하며 살아가는 삶의 개척자들이며, 모험가들이며 또한 예술가들이다. 이와 같이 마을목회는 하나님의 진정한 사랑으로 마을을 품고 세상을 살리는 목회인 것이다.

〈질문 3〉 교회가 세상을 위해 있는지, 아니면 세상이 교회를 위해 있는지 논의하여 보자.

◇ **공동기도문** ◇

하나님, 우리를 통해서 하나님의 뜻이 세상에 전해질 수 있도록 우리를 축복의 통로로 사용하여주시옵소서. 세상에서 빛과 소금의 역할을 감당하며 세상과 분리되어 살아가는 것이 아니라 세상과 연합하며 또는 세상을 섬기며 살아갈 수 있는 우리가 될 수 있도록 우리의 능력과 삶 속에서 역사하여 주시옵소서. 세상에 대한 미움과 질투, 이기심 등을 버리고 온전하게 세상과 화합하며 세상에서 빛을 발하는 그리스도인들도 살기 원합니다. 우리의 간절한 소망과 갈급함을 아시고 세상을 품으시고 세상 속에서 섭리하시는 하나님과 동행하며 살 수 있도록 우리의 삶을 주관하시고 인도하여 주시옵소서. 하나님의 은혜에 무한한 감사와 영광을 올려드립니다. 예수 그리스도의 이름으로 기도합니다. 아멘.

2 장
마을목회의 세계관

> **창세기 1장 26-31절**
>
> 26하나님이 이르시되 우리의 형상을 따라 우리의 모양대로 우리가 사람을 만들고 그들로 바다의 물고기와 하늘의 새와 가축과 온 땅과 땅에 기는 모든 것을 다스리게 하자 하시고 27하나님이 자기 형상 곧 하나님의 형상대로 사람을 창조하시되 남자와 여자를 창조하시고 28하나님이 그들에게 복을 주시며 하나님이 그들에게 이르시되 생육하고 번성하여 땅에 충만하라, 땅을 정복하라, 바다의 물고기와 하늘의 새와 땅에 움직이는 모든 생물을 다스리라 하시니라 29하나님이 이르시되 내가 온 지면의 씨 맺는 모든 채소와 씨 가진 열매 맺는 모든 나무를 너희에게 주노니 너희의 먹을거리가 되리라 30또 땅의 모든 짐승과 하늘의 모든 새와 생명이 있어 땅에 기는 모든 것에게는 내가 모든 푸른 풀을 먹을거리로 주노라 하시니 그대로 되니라 31하나님이 지으신 그 모든 것을 보시니 보시기에 심히 좋았더라 저녁이 되고 아침이 되니 이는 여섯째 날이니라

1. 세상 바라보기

세계관의 형성이 중요하다. 어떤 안경을 쓰고 세상을 바라보는가에 따라 세상이 달라 보이기 때문이다. 검은색 안경을 끼고 세상을 바라보는 사람과 흰색 안경을 끼고 세상을 바라보는 사람은 분명 세상이 다르게 보일 수밖에 없다. 문제는 이 안경이 검은색과 흰색만 있는 게 아니라는 사실이다. 무수히 많은 다양한 색깔의 안경이 있다. 이것은 사람마다 세상을 바라보는 관점이 다를 수 있음을 의미한다. 일반적으로 세상과 자신을 바라보는 관점을 세계관이라 한다. 개인이 어떤 세계관을 갖고 있는지에 따라 그의 인격, 사상, 가치관 등이 결정된다. 이런 사실은 각 개인이 속한 사회가 어떤 세계관을 갖고 있는지에 따라 각기 다른 문화 형성이 가능하다는 사실과 연결된다. 세계관은 몇 가지로 구분하여 설명된다. 먼저, 유대교, 기독교, 이슬람교처럼 창조신을 인정하는 세계관과 유물론, 유교, 불교, 도교처럼 창조신을 인정하지 않는 세계관이 있다. 둘째, 세상과 자연은 스스로 존재한다는 무신론적 세계관과 세상과 자연은 신 그 자체라는 범신론적 세계관, 그리고 세상과 자연은 창조신의 피조물이라는 창조론적 세계관이 있다. 셋째, 인식론과 관련된 것으로, 합리주의적 세계관, 과학실증주의 세계관, 불가지론적 세계관, 기독교적 계시론 등이 있다. 넷째, 인간에 대한 문제로, 무신론적 자연주의, 범신론, 창조론 등이 있다. 이렇게 세계관과 관련된 다양한 견해들을 고려하면, 현대 사회는 구약의 사사시대처럼 "각기 자기의 소견에 옳은 대로"(삿 21:25) 행하는 시대임을 알 수 있다. 고대와 중세의 종교 중심 사회에서 탈피하여 점점 더 '해체'와 '혼합'과 '상대성'을 특징으로 하는 탈종교, 탈 권위, 탈근대 사회로 나아가고 있다. 이런 사회는 성속이원론, 과학만능주의, 물질주의, 소비주의, 계급주의 등을 특징으로 한다. 세상과 자신을 어떤 관점과 틀로 바라보는가? 이것은 오늘날 한국교회가 추구하고 있는 마을목회의 기초와 관련되는 세계관적 질문이라 할 수 있다.

〈질문 1〉 현대를 가리켜 '각기 자기 소견에 옳은 대로' 행하는 시대라 할 수 있다. 가정과 교회와 일터에서 전통적인 권위와 가치관이 해체되고 탈종교 현상이 가속화되는 이유는 무엇이라고 생각하는가?

2. 세상에서 성경으로

1) 본문 이해

본문은 세상이 하나님의 창조로부터 시작되었음을 보여준다. 특히 인간은 하나님의 형상대로 지음 받은 존재이며 동시에 하나님으로부터 땅의 모든 피조물을 다스리는 권세를 받았음을 보여준다. 이로써 인간은 모든 피조물 가운데 독특한 존재라는 사실이 분명히 드러난다. 하나님께서 인간을 독특한 존재로 만드신 이유는 생육, 번성, 충만, 정복하여 다른 피조물을 다스릴 수 있게 하기 위함이다. 이것을 하나님의 문화명령이라 한다. 그런데, 서구 기독교 역사에서 인간의 자연 '정복'과 '다스림'을 인간이 자연 위에 군림하고 자연을 착취할 수 있는 보증을 받은 것으로 잘못 이해한 측면이 있다. 원래 '정복'과 '다스림'은 인간의 자연에 대한 '통치'와 '돌봄'과 '보존'의 개념으로 주어진 것이다. 그럼에도 불구하고 아직까지 한국교회는 인간의 자연에 대한 군림과 착취를 당연시하는 전근대적 이해에 머물러 있는 경향이 있다. 이런 인식은 인간과 자연을 주체와 객체라는 이분법적 구조로 여기고 자연을 인간의 종속적 대상으로만 바라보게 하는 인식을 갖게 했으며, 이런 주객도식은 데카르트의 기계론적 세계관으로 더욱 강화되었다. 자연을 인간을 위해서 존재하는 대상으로만 이해하거나 인간과 인간 사이의 차별과 학대를 자행하는 모습 등은 결국 하나님의 문화명령을 잘못 이해한 데서 비롯된 것이다. 이런 인식은 교회와 세상(마을)을 이분법적으로 구분하여 교회를 성스러운 공간으로 세상(마을)을 부정적인 공간으로 인식하는 비성경적 사고를 초래했다.

2) 본문 해석

본문에서 가장 중요한 논지는 '보시기에 좋았더라'라는 구절이다. 하나님은 피조세계를 긍정적으로 바라보신다는 것이다. 선하신 하나님은 그 속성상 부정한 무엇을 창조하실 수 없다. 그러므로 하나님이 창조하신 피조세계는 긍정적인 대상이 아닐 수 없다. 그런데 오늘날 그리스도인들은 교회와 세상을 이분법적으로 구분하여 선과 악의 장소로 대조하는 경향이 있다. 이러한 성속이원론은 초대교회 영지주의 이단에게서 비롯되었으며, 영지주의 이단은 이데아와 현상에 관한 플라톤의 이원론의 영향을 받아 물질세계가 악하므로 그리스도가 실제로 육체를 입을 수 없다고 주장했다. 이런 잘못된 인식이 지금까지 영향을 미쳐 교회와 교회 밖 세상을 거룩한 공간과 세속적인 공간으로 구분한다. 1960년대 이후로 한국교회는 교회성장을 하나님 나라 건설과 동일하게 여기는 경향이 있었다. 반면, 새천년에 접어든 이후로 그런 인식이 변화되기 시작했다. 세상에서보다 더 세속적이고 부정적인 사건들이 교회 내에서 터져 나옴으로 인해 사람들은 단순히 교회와 세상을 성속 이분법적 구조로 바라보는 인식에 의문을 제기하게 되었다. 이것은 교회성장이 하나님 나라 건설과 동일한 개념이 아니라는 인식으로 발전되었다. 결국 하나님 나라 건설이란 단순히 사람들을 예배당으로 이끄는 좁은 의미에서의 전도 개념을 넘어서는 것으로, 그리스도인들이 교회 밖 세상의 어두운 영역과 부정적인 구조를 밝은 곳으로 변화시키는 일 전체를 포함하는 개념이라는 것이다. 이러한 하나님 나라 건설은 최근 한국교회가 관심을 가지는 마을목회를 위한 토대가 되는 개념이다. 그런 점에서 마을목회는 죽어가는 영혼들을 구원의 방주인 교회로 인도하는 것만을 의미하는 좁은 의미의 전도 개념에 기초된 것이 아니다. 오히려 마을목회는 교회를 마을 속에 존재하면서 마을을 위해 존재하는 영적기관으로 이해하며, 마을을 단순히 악이 가득한 부정적인 장소가 아니라 하나님 나라를 실현하는 장소로 수용하는 인식을 요구한다.

〈질문 2〉 최근 들어 '교회성장' 개념에서 '하나님 나라 건설' 개념으로 그 강조점이 이동하고 있는 이유는 무엇이라고 생각하는가?

3. 성경에서 실천으로

1) 사례

구약은 에스더, 느헤미야, 에스라처럼 이스라엘의 민족 정체성을 강조하는 내용도 있지만 룻기, 요나서처럼 이방민족에 대한 하나님의 관심도 동시에 나타난다. 신약에서도 예수님은 유대인의 예배장소인 회당에서 말씀을 전하기도 했지만 각 마을을 다니면서 다양한 장소에서 하나님 나라를 전파하시고 그들의 필요를 채워주셨다. 또한 유대인들은 회당이라는 특정한 장소에서 제사장이라는 특별한 사람의 중재를 통해서만 하나님과 교제할 수 있다고 생각했다. 그래서 예수님을 만난 사마리아 여인은 특별한 예배 장소의 중요성을 언급했다. 하지만 예수님은 다만 영과 진리로 예배하는 것의 중요성을 말씀하심으로 예배에 대한 기존 인식을 여지없이 깨트리셨다. 예수의 이름으로 나아가기만 하면 누구든지 어디서나 하나님을 예배할 수 있다는 것이었다. 예수님의 사역은 '사람을 모으는 사역'이 아니라 '사람을 해방시키는 사역'이었다. 예수님은 구원이 필요한 자들에게 직접 다가가시고 각 마을을 다니시며 그들의 필요를 채워주셨다. 또한 '유대인들만을 위한 사역'이 아니라 '모든 사람을 위한 사역'을 행하셨다. 예를 들면, '베드로가 환상을 보고 이방인 고넬료의 집에 가서 복음을 전하자 가족 전체가 구원받은 사건'(행 10장)과 '헬라인이요 수로보니게 여인이 예수님께 나아와 딸의 구원을 요청하여 딸이 회복된 사건'(막 7장) 등은 이를 보여준다. 이런 사실은 교회 사역이 단지 교회에 출석하는 개개인의 영적 문제에만 제한된 것이 아니라 교회가 서 있는 마을 전체의 필요를 포괄하고 있음을 나타낸다. 이렇게 교회 사역이 '교회-중심'에서 '마을-중심'에로의 인식 전환이 곧 마을목회의 기초라 할 수 있다. 그런 점에서 한국교회는 감리교와 성공회의 교구 개념을 상기할 필요가 있다. 이 개념은 지역교회의 회중들만이 지역교회의 목회대상이 아니라 지역교회가 서 있는 마을 전체를 목회의 대상으로 인식하는 것을 의미한다. 마을목회에 대한 이러한 사고의 전환을 통해서, 한국교회는 이전에는 보이지 않았던 다양하고 새로운 사역의 기회를 포착할 수 있다. "어떻게 하면 사람들을 예배당으로 이끌 수 있을까?"라는 좁은 의미의 전도에 초점을 맞추는 것이 아니라, "어떻게 하면 교회가 서 있는 마을을 하나님의 나라로 만들 수 있을까?"라는 넓은 의미의 하나님 나라 건설에 초점을 맞추는 것이다. 이렇게 함으로 교회는 '마을로부터 고립된' 성장을 추구하는 것이 아니라 '마을과 함께' 성장하는 교회로 발돋움 할 수 있을 것이다.

〈질문 3〉 예수님은 공생애 기간 동안 지역교회를 형성하고 교회를 성장시키는데 초점을 맞추지 않고 열두 명을 제자로 만들고 마을마다 다니면서 하나님 나라를 전파하고 필요로 하는 자들의 필요를 채우는 사역에 집중하셨다. 그 이유는 무엇일까?

2) 적용

마을목회는 교회는 거룩한 곳이요 세상은 속된 곳이라는 성속 이원론적 구분을 폐기한다. 교회를 포함하여 세상의 모든 영역이 하나님께서 창조하신 영역이요 하나님의 관심과 사랑의 대상임을 전제한다. 이런 시각에서 보면, '세상을 위한 교회'라는 슬로건은 교회를 주체로 세상을 객체로 상정하는 기존의 인식에서 벗어나 교회와 세상이 서로 영향을 주고받는 영역으로 상정할 수 있다. 또한 마을목회는 교회와 세상(마을)을 이분법적으로 구분하여 세상(마을) 사람들을 교회로 이끄는 것이 교회의 사명이라는 소위

'방주로서의 교회개념'을 넘어선다. 오히려 교회를 세상(마을) 속의 한 영역으로 여기고 교회가 세상(마을)을 위해 존재하며 세상(마을)을 하나님 나라를 실현할 장소로 수용하는, '교회-중심적 사고'에서 '마을-중심적 사고'에로의 인식 전환을 요청한다. 구체적으로 이러한 인식 전환은 다음의 내용들을 포함한다.

(1) 교회와 마을을 바라보는 시각

성속 이원론적 사고를 폐기해야 한다. 교회는 거룩한 곳, 마을은 속된 곳이라는 인식이 아니라 교회와 마을 모두가 긍정적 혹은 부정적 영역이 될 가능성이 있음을 수용해야 한다.

(2) 교회 사역의 목표

교회가 단기적 차원에서 마을 사람들을 교회로 이끄는 좁은 의미의 전도에 초점을 맞추어 온 기존의 사역에서 탈피하여 마을의 부정적이고 어두운 영역을 밝은 영역으로 바꾸는 일에 초점을 맞추는 하나님 나라 건설 사역으로 전환해야 한다.

(3) 교회 사역의 주체

교회만이 교회 사역의 주체로 상정할 것이 아니라 교회가 마을의 특정기관과 공동사역을 수행할 가능성, 혹은 교회가 마을의 특정기관의 사역을 적극적으로 지원하는 사역 또한 긍정적으로 검토할 필요가 있다.

(4) 교회 사역의 수행방안

목회자와 교우들은 마을을 하나님의 나라로 만들기 위해 마을에 도움이 필요한 부분이 무엇인지 그리고 어떤 방법으로 마을에 그런 도움을 제공하며 협력할 수 있을 것인지 등에 대해 마을의 다양한 주체들과 평등한 관계에서 대화하여 구체적인 방안을 마련할 필요가 있다. 보다 구체적으로, 교회는 마을의 다양한 구성원들과 함께 마을의 비전을 찾고, 마을의 자원을 발견하여 활용하며, 마을의 리더십을 발굴하여 훈련시키며, 마을공동체 전체의 의견이 수렴된 마을의 일거리를 찾고, 마을의 다양한 영역의 대표들 사이에 친밀한 관계를 형성하고, 민주적인 의사결정 구조를 만들고, 마을공동체 형성을 위한 사역의 결과를 공평하게 공유하는 일 등을 포함해야 한다.

〈질문 4〉 위의 내용 중 마을목회를 제대로 수행하기 위해서 가장 중요한 것은 무엇이라고 생각하는가?

◇ **공동기도문** ◇

진리로 우리를 자유케 하시는 하나님, 하나님의 형상으로 지음 받은 우리에게 크신 사랑과 은혜를 베푸심으로 우리는 날마다 숨 쉬며 살아가고 있습니다. 주변에 있는 모든 사람들과 자연, 환경 속에서 하나님의 섭리하심을 발견합니다. 하나님께서 만드시고 운행하시는 세계, 하나님의 통치를 받는 백성들이 모여 있는 하나님 나라를 꿈꾸며 오늘도 우리는 공동체를 이루고 살아갑니다. 마을 목회를 통해서 이루어질 공동체는 믿음과 소망과 사랑이 모두 있는 공동체가 되길 원합니다. 말씀으로 세상을 만드신 하나님의 크신 능력과 뜻을 따라 우리도 우리 가정, 우리 사회, 우리 공동체가 하나님 나라의 비전을 품고 나아가길 원합니다. 서로가 서로를 돌아보고 좀 더 지혜롭고, 좀 더 상호적인 방식으로 마을목회를 잘 이끌어 갈 수 있도록 구성원 모두에게 하나님의 능력을 더하여 주시옵소서. 하나님께 모든 것을 맡깁니다. 하나님 나라를 소망하며 마을 목회를 위한 우리의 사명도 잘 감당할 수 있도록 도와주시옵소서. 예수님 이름으로 기도합니다. 아멘.

3장
마을목회와 하나님 나라 공동체

이사야 11장 1-9절

1이새의 줄기에서 한 싹이 나며 그 뿌리에서 한 가지가 나서 결실할 것이요 2그의 위에 여호와의 영 곧 지혜와 총명의 영이요 모략과 재능의 영이요 지식과 여호와를 경외하는 영이 강림하시리니 3그가 여호와를 경외함으로 즐거움을 삼을 것이며 그의 눈에 보이는 대로 심판하지 아니하며 그의 귀에 들리는 대로 판단하지 아니하며 4공의로 가난한 자를 심판하며 정직으로 세상의 겸손한 자를 판단할 것이며 그의 입의 막대기로 세상을 치며 그의 입술의 기운으로 악인을 죽일 것이며 5공의로 그의 허리띠를 삼으며 성실로 그의 몸의 띠를 삼으리라 6그 때에 이리가 어린 양과 함께 살며 표범이 어린 염소와 함께 누우며 송아지와 어린 사자와 살진 짐승이 함께 있어 어린 아이에게 끌리며 7암소와 곰이 함께 먹으며 그것들의 새끼가 함께 엎드리며 사자가 소처럼 풀을 먹을 것이며 8젖 먹는 아이가 독사의 구멍에서 장난하며 젖 뗀 어린 아이가 독사의 굴에 손을 넣을 것이라 9내 거룩한 산 모든 곳에

> 서 해 됨도 없고 상함도 없을 것이니 이는 물이 바다를 덮음 같이 여호와를 아는 지식이 세상에 충만할 것임이니라

1. 세상 바라보기

1) 한국 사회에 만연한 공동체 붕괴의 현실

성경은 처음부터 끝까지 하나님을 향한 믿음에 기초한 하나님 나라 공동체의 건설과 그 확장에 가장 큰 관심을 기울이고 있다. 그 한 예로, 창세기 서론부분에 있는 아담("인류"를 뜻하기도 함)의 이야기나 아브라함의 이야기를 들 수 있는데, 이들의 이야기는 사실 한 개인에 관한 이야기라기보다는 제각기 인류 전체에 관한 이야기요, 아브라함으로부터 비롯되는 이스라엘 민족의 이야기라고 해야 더 정확할 것이다. 예언자들이 바라는 이상적인 하나님의 나라(메시아 왕국) 역시 남녀노소 빈부귀천을 막론하고 하나님을 믿는 모든 세상 사람들이 공평과 정의 속에서 함께 어울려 사는 성격을 가지고 있다(사 11:1-5). 구약성경에 비해서 믿음과 구원의 개인적인 차원을 더욱 강조하는 신약성경도 칭의와 구원에 못지않게 믿음을 가진 하나님 나라 공동체(교회)의 선택과 그들 사이의 '코이노니아'(행 2장, 특히 42-47절)에 깊은 관심을 기울이

고 있다.

하나님 나라의 공동체성을 강조하는 성경의 이러한 특징은 개인주의가 팽배한 지금의 시대에 매우 중요한 의미를 가지고 있다. 본래 개인주의(Individualism)는 중세의 지나친 신정 통치에 매몰된 인간(이성)의 고귀함과 존엄성을 재발견하고 개체 인격의 창의성과 독립성을 새롭게 부각시킨 데에서 출발한 것이었지만, 오늘에 와서는 그것이 더불어 살아야 할 인간 공동체의 존립 자체를 위협하고 인간과 인간 사이의 유대 관계를 단절시키는 위험스러운 요소로 변질되어 버렸다. 요즘의 사람들이 개인주의를 이기주의(Egoism, Meism)와 거의 동일한 개념으로 이해하려는 태도가 이를 뒷받침한다. 실제로 지금 우리 사회는 계층과 계층 사이, 지역과 지역 사이, 집단과 집단 사이에서 발생하고 있는 각종 갈등과 분열로 인해 온통 몸살을 앓고 있으며, 사회 일체감 붕괴의 위험마저도 안고 있다.

이러한 상황 속에서 우리는 한국교회가 추구해야 할 마을목회의 궁극적인 목표가 무엇인지를 금방 확인할 수 있다. 그것은 다른 것이 아니다. 인간 본연의 오만과 죄악성으로 인해 '코이노니아'와 '커뮤니케이션'을 상실한 모든 개개인과 집단들을 올바른 믿음과 성령의 능력 안에서 하나가 되게 하는 일이요, 하나님의 공의로우신 뜻과 역사 주권에 믿음으로 순종하면서 함께 살게 해주는 일이다. 이 점에 비추어 본다면, 오늘의 한국교회가 모든 인간의 이기적인 본성을 극복하고서 교회가 속한 지역 주민들과 함께 하나님을 향한 믿음 안에서 어울려 살 수 있는 하나님 나라 공동체를 회복하는 일이야말로 마을목회의 출발점이요, 한국교회가 마을목회의 과제를 적극 추진해야 할 이유에 해당하는 것임에 틀림없다.

〈질문 1〉 하나님 나라 공동체의 성격을 가지고 있는 교회가 한국에 많이 있는데도 한국 사회의 공동체성이 약화되고 공동체 균열 현상이 도처에서 발생하는 이유는 무엇일까?

2. 세상에서 성경으로: 하나님 나라의 이상

오늘날 한국교회가 회복해야 하는 바람직한 지역 공동체의 모습은 고대 이스라엘의 신정 공동체에서 그 뿌리를 찾아볼 수 있다. 어떠한 점에서 그러한가? 출애굽 해방에 뿌리를 둔 고대 이스라엘 공동체는 본질적으로 "하나님(Theos)이 다스리시는(Kratein)" 신정(Theocratic; 神政) 공동체의 성격을 강하게 가지고 있었다. 이는 이스라엘 백성의 탄식과 부르짖음을 들으시는 하나님의 구원 은총(출 2:23-25; 3:7-9)에 힘입어 출애굽 공동체가 하나님을 중심으로 하는 신앙 공동체로 변모되었다는 사실을 통해서 확인된다.

이렇듯이 이스라엘 민족의 삶과 역사를 담고 있는 구약성경은 근본적으로 마을목회의 신학적 근거라 할 수 있는 신정 공동체의 형성과 그것의 운영 방법에 깊은 관심을 기울이고 있다. 하나님이 시내 산에서 모세를 통하여 이스라엘 백성에게 주신 다양한 율법 규정들에 그것이 잘 나타나 있다. 이 규정들은 모두 같이 정의롭고 평화로운 공동체의 확립과 약자 보호를 기본 정신으로 가지고 있다(출 20:10; 21:2-6; 22:21; 23:9; 레 25장; 신 5:14; 24:18 등).

이사야 11장 1-9절은 이스라엘 백성이 추구해야 할 정의롭고 평화로운 하나님 나라 공동체의 형성에 대하여 가장 훌륭한 그림을 보여 주는 본문이다. 하나님은 이새의 가문에서 새롭게 태어날 이상적인 통치자(메시아)가 어떠한 품성으로 하나님 나라를 다스려야 하는지를 2-5절에서 잘 보여 주신다. 하나님의 영으로 충만하게 될 그는 지혜와 총명의 영, 모략과 재능의 영, 지식과 여호와를 경외하는 영으로 충만할 것이기에(2절), 결코 자신의 뜻을 따라 나라를 임의로 다스리지 않을 것이다. 도리어 그는 철저하게 하나님의 뜻을 따라 나라를 다스릴 것이요, 하나님의 왕권에 철저하게 순종하는 모습을 보일 것이다. 그는 하나님 경외를 자신의 즐거움으로 삼을 것이며, 눈에 보이는 대로 또는 귀에 들리는 대로 판단하지 않을 것이다(3절). 또한 그는 가난한 자들을 공의로 재판하고 억눌린 자들을 바르게 재판할 것이요, 공의로운 말로써 세상의 악한 자들을 벌할 것이다. 참으로 그의 통치는 공의와 성실에 기초한 것이 될 것이다(4-5절). 한 마디로 말해서, 통치자로서의 그의 활동은 하나님 나라 공동체를 바르게 세우는 일에 초점을 맞출 것이다.

그뿐이 아니다. 장차 메시아가 다스릴 하나님 나라 공동체는 완전한 평화를 가장 큰 특징으로 가지고 있다. 히브리어로 평화라는 말('샬롬')은 단순히 전쟁이 없는 상태만을 의미하지는 않는다. 그것은 전쟁이 없는 상태를 넘어서서 세상의 모든 것이 완전한 조화를 이루어 부족함이 없는 상태를 의미한다. 이사야가 말하는 이상적인 하나님 나라의 평화는 세 가지 차원을 가지고 있다. 그 첫 번째는 민족과 민족 사이에 있는 평화이고, 두 번째는 개인과 개인 사이의 평화이다. 그리고 마지막 세 번째는 인간과 자연 사이의 평화이다.

이사야는 무엇보다도 메시아 왕국이 오면 민족들 사이에 화해가 이루어지고 싸움과 전쟁을 포기하는 일이 생겨날 것이라고 보았다(2:2-4). 모든 민족이 하나님의 말씀을 배우기 위해 모임으로써, 각종 전쟁의 무기들이 이제는 평화의 도구들로 바뀔 것이라는 얘기다. 뿐만 아니라 메시아 왕국에서는 메시아의 공평한 판단과 통치로 인해 억울한 일을 당하는 사람이 없을 것이다. 악한 자들이 공의로 심판 당하고 가난한 자와 겸손한 자가 정직과 공의로 판단 받을 것이기 때문이다(11:4-5). 이렇듯이 메시야의 공의로운 통치는 나라와 나라 사이에 분쟁이 그치게 할 뿐만 아니라, 개인과 개인 사이의 평화를 가로막는 모든 불의와 악이 사라지게 할 것이다.

그러나 메시아가 다스리는 하나님 나라의 평화는 민족들과 사람들 사이의 평화로 끝나지 않는다. 메시아 왕국에서는 에덴동

산에서처럼 거친 들짐승들과 사람 사이에도 평화가 이루어질 것이다. 잡아먹고 먹히는 약육강식의 세계가 이제는 상호 공존의 우주적인 평화를 향해 나아갈 것이다(11:6-8). 한 마디로 말해서 메시아 왕국에서는 해됨도 상함도 없을 것이다. 이는 물이 바다를 덮음 같이 하나님을 아는 지식이 세상에 충만할 것임이기 때문이다(11:9). 예수께서 선포하신 하나님의 나라는 바로 이러한 메시아 왕국의 성격을 갖는 것이다. 온 세계가 하나님 앞에서 하나가 되고 참된 평화를 이루는 것이야말로, 분쟁과 싸움이 가득 찬 세상에서 우리가 추구해야 할 하나님의 나라가 아니겠는가? 한국교회의 마을목회 과제는 이처럼 중요한 하나님 나라 공동체의 형성을 항상 염두에 두어야 할 것이다.

〈질문 2〉 한국교회는 성경이 가르치는 이상적인 하나님 나라 공동체의 모습을 얼마나 구현하고 있는가?

3. 성경에서 실천으로

1) 예수님의 공생애 사역과 사도행전의 초대교회에서 발견되는 하나님 나라 선교

예수님은 공생애 초기의 한 안식일에 나사렛 회당에서 이사야 61장 1-2절을 낭독하시면서, 자신이 가난한 자에게 복음을 전하고 포로 된 자에게 자유를, 그리고 눈 먼 자에게 다시 보게 함을 전파하며 눌린 자를 자유롭게 하고 주의 은혜의 해를 전파하려고 세상에 오셨음을 분명하게 밝히셨다(눅 4:17-19). 그가 공생애 기간 동안 계속해서 강조하시고 또 자신의 삶 속에서 실천하신 것이 바로 이러한 모습을 가진 하나님 나라 공동체의 복음이었다. 그가 세례 요한의 제자들에게 주신 말씀(눅 7:22)이나, 최후의 심판에 관한 가르침(마 25:40)은 그의 하나님 나라 공동체 복음이 어떠한 성격을 갖는 것인지를 극명하게 보여준다.

실제로 그는 자신을 굶주린 자, 목마른 자, 나그네 된 자, 헐벗고 병든 자, 갇힌 자 등과 동일시하셨으며(마 25:31-46), 십자가를 지실 때까지 항상 세리들과 죄인들, 창기들, 차별당하는 여성들과 아이들의 친구가 되어주셨고, 온갖 질병으로 고통당하는 사람들을 차별 없이 치료해주셨다. 참으로 그에게는 사회적 신분이나 계급에 따른 차별 또는 남녀 성별에 의한 차별, 장애의 유무에 따른 차별 등이 전혀 없었다. 예수께서 십자가와 부활을 통해서 이루신 구속 사역은 한 마디로 지역 공동체와 연약한 이웃을 섬기는 마을목회의 전형이었다. 마태복음 9장 35절이 그러한 사실을 압축해서 잘 보여주고 있다: "모든 도시와 마을에 두루 다니사 그들의 회당에서 가르치시며 천국 복음을 전파하시며 모든 병과 모든 약한 것을 고치시니라."

오순절 성령 강림 이후의 초대교회에서 발견되는 나눔과 섬김의 공동체는 이처럼 예수께서 선포하시고 이루신 하나님 나라 공동체의 모습을 이 세상에 재현하는 것이나 다름이 없었다(행 2:44-45; 4:32-37). 이것은 예루살렘의 초대교회가 참으로 아름다운 마을목회의 모델이었음을 분명하게 보여 주는 바, 오늘의 한국교회는 이러한 마을목회의 과제를 실천에 옮기기 위해 연약한 지역 주민들을 섬기고 그들과 함께 하는 삶을 통해서 하나님 나라 공동체의 본래적인 모습을 회복하고 궁극적으로는 한국 사회를 치유하는 민족의 희망이 되어야 할 것이다.

〈질문 3〉 내가 속한 교회는 이러한 마을목회의 과제를 어떻게 실천하고 있는가?

2) 마을목회의 실천을 위한 한국교회의 구체적 노력

마을목회의 중차대한 과제를 목전에 두고 있는 한국교회는 앞으로 우리 사회가 지향해야 할 바람직한 지역마을 공동체의 모델을 고대 이스라엘의 신정 공동체가 갖는 하나님의 정의로운 통치에서 찾지 않으면 안 된다. 신자유주의 경제하의 세계화가 갖는 무한 경쟁 체제와 승자 독식의 그늘 아래에서 고통당하는 다수의 약자 계층을 껴안음으로써 한국 사회가 건강한 지역마을 공동체를 향해 나아가도록 촉구하기 위해서라도, 한국교회는 성경이 가르치는 건강한 지역마을 공동체의 모델을 이 땅에 사는 모든 사람들—우리나라의 위정자들을 포함하는—에게 제시할 수 있어야 한다.

　앞서 살핀 바와 같이, 성경은 이스라엘 민족의 출발점에 해당하는 출애굽 사건에서부터 사회적 약자들을 위한 하나님의 해방 은총을 강조하는 한편으로, 하나님의 정의로운 통치에 기초한 신정 공동체의 확립을 출애굽 집단의 본질적인 성격으로 규정하되, 그 신학적인 근거를 시내 산 언약에서 찾고 있다. 이스라엘 민족은 역사의 초기 단계에서 발견되는 이러한 신정 공동체의 이념을 인간의 생존을 불가능하게 만드는 광야에서 양식의 공평한 분배를 통하여 부분적으로 경험했으며, 약속의 땅 가나안에서는 삶의 터전인 땅의 공평한 분배를 통하여 실제적인 현실로 경험했다.

　이스라엘 민족이 하나님의 정의로운 통치에 순종하는 신정 공동체로서 지향해야 할 건강한 지역마을 공동체의 이상은 왕의 정의롭고 민주적인 통치에 의해서도 이루어질 수 있는 바, 이는 철저하게 하나님의 왕권을 인정하는 정의로운 지도자들에 의해서만 가능하다. 근래 들어 사회적 신뢰도가 크게 하락한 한국교회는 이제껏 언급한 하나님 나라 공동체의 이상을 실현하는 일에 데 깊은 관심을 가져야 하며, 평소에 바른 믿음을 가진 신자들을 양성하는 일에 노력하는 만큼이나 건강한 지역마을 공동체의 건설에 이바지할 수 있는 건전한 마을목회 전문 인력을 양성하는 일에도 많은 노력을 기울이지 않으면 안 된다. 교회가 지역마을과 지역민들을 섬기는 외적인 활동에만 몰두함으로써 교회 자체의 내적인 본질을 소홀히 여겨서는 안 되겠지만, 역으로 지나치게 내적인 본질과 개개인의 사적인 신앙 양육에만 매달리다가 마을목회라는 중요한 사회적인 책무를 소홀히 여김으로써 세상으로부터 소외당하는 우를 범해서는 안 될 것이다.

<질문 4> 한국교회가 마을목회 차원에서 섬겨야 할 지역민들에는 어떠한 사람들이 있는가?

◇ **공동기도문** ◇

하나님, 성육신하시어서 이 땅에 오신 예수 그리스도의 삶을 닮기 원합니다. 예수께서는 제자들과 함께 공동체를 이루고 지역과 마을을 돌아다니시며 하나님의 말씀과 하나님을 뜻을 전했습니다. 많은 말보다도 행동으로, 이론보다도 실천으로, 세상과 사회에서 버림받은 자들을 사랑하셨습니다. 그 사랑을 통해 우리도 변화 받고 이제 진정한 마음으로 소외당하는 이웃들을 돌아보길 원합니다. 그리스도인으로 우리의 사명과 책임을 다할 수 있도록 우리개인뿐만 아니라 공동체로서 연합할 수 있도록 우리의 마음을 열어주시옵소서.

서로의 이익을 위해서 공동체를 무시하거나 이웃을 돌보지 않는 것이 아니라 예수 그리스도의 섬김과 실천의 사랑으로 하나님 나라를 이 땅에서 구현할 수 있도록 우리의 생각과 마음을 변화시켜주시옵소서. 사랑과 진리로 우리를 죄에서 구원하시는 예수 그리스도의 이름으로 기도합니다. 아멘.

4 장
마을목회와 지역교회의 연대

에베소서 4장 1-16절

1그러므로 주 안에서 갇힌 내가 너희를 권하노니 너희가 부르심을 받은 일에 합당하게 행하여 2모든 겸손과 온유로 하고 오래 참음으로 사랑 가운데서 서로 용납하고 3평안의 매는 줄로 성령이 하나 되게 하신 것을 힘써 지키라 4몸이 하나요 성령도 한 분이시니 이와 같이 너희가 부르심의 한 소망 안에서 부르심을 받았느니라 5주도 한 분이시요 믿음도 하나요 세례도 하나요 6하나님도 한 분이시니 곧 만유의 아버지시라 만유 위에 계시고 만유를 통일하시고 만유 가운데 계시도다 7우리 각 사람에게 그리스도의 선물의 분량대로 은혜를 주셨나니 8그러므로 이르기를 그가 위로 올라가실 때에 사로잡혔던 자들을 사로잡으시고 사람들에게 선물을 주셨다 하셨도다 9올라가셨다 하였은즉 땅 아래 낮은 곳으로 내리셨던 것이 아니면 무엇이냐 10내리셨던 그가 곧 모든 하늘 위에 오르신 자니 이는 만물을 충만하게 하려 하심이라 11그가 어떤 사람은 사도로, 어떤 사람은 선지자로, 어떤 사

> 람은 복음 전하는 자로, 어떤 사람은 목사와 교사로 삼으셨으니 12이는 성도를 온전하게 하여 봉사의 일을 하게하며 그리스도의 몸을 세우려 하심이라 13우리가 다 하나님의 아들을 믿는 것과 아는 일에 하나가 되어 온전한 사람을 이루어 그리스도의 장성한 분량이 충만한 데까지 이르리니 14이는 우리가 이제부터 어린 아이가 되지 아니하여 사람의 속임수와 간사한 유혹에 빠져 온갖 교훈의 풍조에 밀려 요동하지 않게 하려 함이라 15오직 사랑 안에서 참된 것을 하여 범사에 그에게까지 자랄지라 그는 머리니 곧 그리스도라 16그에게서 온 몸이 각 마디를 통하여 도움을 받음으로 연결되고 결합되어 각 지체의 분량대로 역사하여 그 몸을 자라게 하며 사랑 안에서 스스로 세우느니라

1. 교회의 하나 됨과 그리스도의 몸의 세움을 통해 새 사람의 삶을 펼친다.

에베소서 1장-3장은 그리스도 안에서 우주의 통일과 교회일치를 제시한 다음에 4장-6장에서 세상 안에 있는 교회를, 교회일치의 보존과 새 사람의 생활을 제시하고 있다. 4장은 먼저 교회일치의 필요성을 언급하고(1-6), 그리스도로부터 주어진 다양한 직무들을 통해 교회일치와 교회가 세워짐을 말하고(7-16), 이로부

터 어긋난 이방인들의 생활을 언급(17-19)한 다음에 옛 사람과 새 사람의 삶을 비교(20-24)한 후 옛 사람을 극복하고 새 사람으로 사는 길을 제시하고 있다(25-32).

본문은 먼저 부르심을 받은 일에 합당하게 행할 것을 권하고 있다(1). 이는 교회 안에 있는 그리스도인들이 겸손, 온유, 오래 참음, 사랑으로 용납함, 평안/평화의 줄로 성령이 하나 되게 하신 것을 지키는 일이다(2-3). 에베소교회는 유대인과 이방인으로 구성된 교회(2:11-22)로 유대 기독교인들과 이방인 기독교인들 사이의 갈등이 있었다. 본문은 이러한 갈등을 위에서 제시한 덕들을 통해 극복할 것을 권면하고 있다. 겸손, 온유, 오래 참음 뿐 아니라 예수 그리스도의 십자가가 보여주는 것처럼 사랑을 통해 서로를 용납하고, 성령이 하나 되게 하신 것을 지킬 것을 권면한다. 교회일치의 근거는 몸-성령-소망과 주-믿음-세례이고, 궁극적으로는 한 분 하나님이다. 유대인과 이방인은 그리스도의 몸인 교회에서 하나가 되었고, 성령을 통해 함께 아버지께로 나아감을 얻었고, 동일한 소망으로 부음을 받았다. 그리스도의 몸에 속한 자들은 다른 주로부터 예수 그리스도 주님께로 돌아섰고, 동일한 예수 그리스도를 믿는 믿음을 지니고, 동일한 세례를 통해 교회의 지체가 되었다. 교회일치의 궁극적 근거는 한 분 하나님이다.

교회는 각 사람에게 주신 은혜와 직무들을 통해 교회를 세우고 일치를 실현한다. 그리스도가 각자에게 주신 직무를 통해 성도를 준비시키고 그리스도의 몸을 세우며, 일치를 이루고 온전한 사람, 온전한 교회에 이르도록 한다(7-16).

 하나님을 알지 못하는 교회 밖에 있는 이방인들의 삶을 경계하도록 하고(17-19), 옛사람을 떠나 새사람을 입을 것을 권하면서(20-24), 옛사람을 극복하는 길을 제시하고, 새사람의 길을 제시하고 있다(25-32).

<질문 1> 우리가 속한 교회는 하나 됨을 지키고 있는지 아니면 분열되어 있는지에 대해 말하고 그 이유를 이야기해 보자.

2. 교회일치와 세움은 마을의 일치와 세움인 마을목회로 확대되어야 한다.

 에베소서는 교회일치를 강조할 뿐 아니라 "하늘에 있는 것이나 땅에 있는 것이 다 그리스도 안에서 통일되게 하려 함"(1:10)이라는 교회의 우주적 본질을 강조하고 있다. 그런데 이 둘은 평화가 되신 예수 그리스도(2:14)로 연결된다. 즉 유대인과 이방인 사이에 막힌 담을 예수 그리스도의 십자가로 헐고 이 둘로 하나의 교회를 이루도록 하신 것(2:14-16)처럼 예수 그리스도는 하늘에 속한 것과 땅에 속한 것을 통일되게 하신다. 예수 그리스도라는 평화의 줄(4:3)은 유대인과 이방인을 교회 안에서 하나 되게 할뿐 아니라 하늘과 땅에 속한 것을 하나 되게 하신다. 이처럼 교회는 온 세상을 위한 평화의 모델이 된다. 만유 위에 계시고, 만유를 통일하시고 만유 가운데 계시는 하나님(4:6)은 교회를 하나 되게 하시며, 교회를 세계와 이방민족들의 구원과 평화를 위해 보내신다. 예수 그리스도의 십자가로 교회의 하나 됨을 지키는 교회는 작은 세상인 마을의 평화를 위해 보냄을 받는다.

교회는 다양한 직분들을 통해 교회 일치와 그리스도의 몸된 교회를 세우고(4:11;14;16), 하나님의 아들을 믿는 일과 아는 일이 하나 됨을 통해 온전한 사람이 되며(4:13), 사랑 안에서 머리 되신 그리스도에게로까지 성장하도록 한다(4:16). 교회에 주어진 다양한 은사들과 은혜를 통해 그리스도의 몸을 세우는 것처럼, 교회는 성도들에게 주어진 다양한 직분과 은혜를 통해 만물을, 마을을 충만하게 하고(4:10), 하나님의 사랑으로 서로 사랑함으로써 교회를 세워가는 것처럼(4:15) 하나님의 사랑으로 마을을 세워가야 한다. 그러나 어린이처럼 속임수, 간사한 유혹, 교훈의 풍조에 빠져(4:14) 교회가 분열하는 것처럼 마을도 세상 권세와 능력(사탄, 죄, 죽음)에 의해 분열될 수 있다. 따라서 예수 그리스도는 위로(하늘로) 올라가실 때 통치자들과 권세들과 이 어둠의 세상 주관자들(6:12)을 사로 잡으셨다(4:8). 하나님의 통치를 선포하신 예수 그리스도를 따라 교회는 마을목회에 동참한다.

기독교의 배움은 실천과 관련이 있다. 즉 그리스도를 배운 결과는 이론적 지식으로 남는 것이 아니라 그리스도인들/교회의 삶을 통해 증명되어야 한다(4:20). 즉 그리스도인들과 교회들은 그리스도로부터 배운 바를 마을에서 실천해야 한다. 그리스도로부터 배운 것의 핵심은 진리가 예수 안에 있다는 점이다(4:21). 진리가 예수 안에 있다는 것은 예수의 십자가 사건, 하나님 나라의 사건을 떠난 역사를 말할 수 없다는 의미다. 따라서 마을목회는 마을에서 그리스도인들과 교회들이 더불어 예수 그리스도의 십자가 사건을, 하나님 통치의 사건을 일으킴을 의미한다. 옛 사람을 벗어버리고 새 사람을 입는 것(4:22-24)은 세례를 전제한다. 세례는 거짓, 죄와 죽음의 지배를 벗어나서 정의와 진리의 거룩함으로 다스리는 하나님의 통치로 들어감을 의미한다. 따라서 마을목회는 그리스도인들과 교회가 마을로 하여금 세상의 지배로부터 하나님의 통치로 들어가게 하는 것이다. 마을목회는 그리스도인들과 교회가 마을의 다양한 영역에 하나님의 사랑, 공의, 진리의 거룩함을 드러내는 것이다.

옛 사람을 극복하고 새 사람을 입는 길은 거짓을 버리고 이웃과 더불어 참된 것을 말하는 것이다(4:25). 마을에서 가난한 사람, 성과 문화와 종교가 다른 사람들에 대해 거짓을 말하는 사람들은 옛 사람이다. 새 사람을 입은 그리스도인들은 문화와 종교와 성이 다른 가난한 이웃에 대해 참된 것을 말하는 사람들이다. 도둑질 하는 사람들이 옛 사람이고, 이웃을 돕기 위해 자기 손으로 노동을 하는 자들이 새 사람이다(4:28). 용서하는 자는 새 사람을 입은 자들로(4:32), 이러한 용서는 그리스도 안에서 하나님이 행한 용서를 배운 데 기인한다. 마을목회는 새 사람을 입은 그리스도인들, 교회들이 자신과 다른 이웃에 대해 참된 것을 말하고, 이웃을 돕기 위해 자기 손으로 노동하는 사람들, 다양한 직업 현장에 참여하는 자들이고, 이웃 사이에서 용서를 실천하는 자들이다.

〈질문 2〉 그리스도인들이나 교회가 위에서 제시한 마을목회 중 어떤 활동에 참여하는지 이야기해 보자.

3. 성경에서 실천으로

1) 에큐메니칼 마을목회의 사례

1985년 오창우 목사는 한남제일교회에 부임하면서 교회에만 부임한 것이 아니라 이태원에 부임한 것이라면서 "한 교회 담임목사를 넘어서 지역을 목회하는 목사가 되기로 결심했다"고 했다. 오 목사는 마을목회는 지역/마을을 목회하는 목사에 의해서가 아니라 성도들 스스로가 자신을 "한남동을 변화시키기 위해 파송 받은 선교사라는 것을" 자각할 때 가능하다고 했다. 이처럼 교회가 예수 그리스도에 의해 하나가 되고 그 몸이 세워질 때 마을의 구원과 평화를 위해 파송 받는다. 이렇게 마을에서 이뤄지는 교회와 성도들의 활동을 마을목회라 한다. 한남제일교회는 지난 30년 동안 마을을 품어왔지만 2013년 서울시의 마을공동체사업에 참여하면서 본격적으로 마을목회를 전개하기에 이르렀다. 교회중심의 사업이 아니라 한남동 주민자치센터나 구청이나 서울시가 전개하는 마을사업들에 관심을 갖고 참여하는 태도가 중요하다. 마을목회를 위해서는 지역교회들과 주민자치센터나 구청과의 공치(governance)가 필요하다.

마을목회는 마을에서 그리스도인들과 교회들이 하나님 나라 사건을 일으키는 것이라 했다. 부산 영도는 부산에서 가장 소외된 지역 중 한 곳이었다. 영도기독교연합은 2007년 러브 영도 프로젝트 실시를 결정했다. 이 프로젝트를 제안했던 땅끝교회 김운성 목사는 한국교회가 그동안 세상의 '빛과 소금'이 되기 위해 노력해 왔지만 '세상'에 대해서는 관심이 적었다면서 '지역맞춤형 목회/교회'를 제안했다. 즉 교회가 "그 지역에 맞는 교회"가 되고 "지역사회(마을)와 함께 호흡하는 생명목회(마을목회)"를 전개할 것을 제안했다. 하나님의 사랑으로 지역주민들의 마음을 연 후에 복음의 씨앗을 뿌릴 수 있다. 2008년 개소된 러브영도센터는 고신대와 푸드 뱅크를 공동운영했고, 사랑의 바자회를 열었으며, 행복한 가게, 쌀은행, 연탄은행, 행복영도장학사업 등으로 확대되었다. 이 모든 마을목회는 성도와 교회의 헌금, 각종 사업의 수익금과 기부자들의 기부금 등의 재정으로 운영되었다. 러브 영도 프로젝트는 교회 지도력의 민주적 의사결정과정을 통해 진행되었다. 이러한 마을목회를 통해 영도 지역주민들의 교회에 대한 신뢰를 회복하였고, 영도의 자치기관과 협치 할 토대도 마련하게 되었다.

마을목회는 새 사람을 입은 그리스도인, 교회로서 이웃에 대해 참된 것을 말하고, 이웃을 돕기 위해 자기 손으로 노동하는 자들이요, 이웃 사이에서 용서를 실천하는 자들의 활동이라 한다. 안산 다문화교회와 국경 없는 마을은 이주민을 비롯한 다문화 가정에 대해 거짓이 아닌 참된 말을 하고, 그들과 더불어 다문화를 수용하는 국경 없는 마을을 만들고자 했다. 부천 새롬교회는 푸른부천21실천협의회 등과 함께 작은 도서관을 세우기 운동, 지역아동센터, 새롬가정지원센터, 어르신 도시락 날개 프로그램인 은빛날개, 외국인 한글교실인 꿈빛 날개, 인문학 카페, 협동조합 등을 통해 마을의 교육사업과 복지사업과 문화 사업을 전개했다. 이처럼 새롬교회는 지역 에큐메니즘에 기초하여 마을의 교육생태계, 복지생태계, 문화생태계를 연계하는 생명망 마을목회를 실천하고 있다. 홍성 신동리교회 오필승 목사는 2011년 홍성군귀농지원연구회를 창립했고, 2012년 귀농귀촌지원센터를 만들어 귀농자들을 교육하고 함께 귀농에 정착하는 가운데 농림부의 도시민유치사업이 선정되어 2012년~2014년 5억 예산으로 귀농 초기 단계부터 정착단계까지 14개의 다양한 프로그램을 운영하였다. 2013년~2017년 농림부의 오누이권역 농촌마을종합개발사업이 채택되어 42억 8천만 원을 지원받아 4개 마을이 함께 잘사는 마을이 되기 위한 사업을 실행했다.

〈질문 3〉 위에 제시된 마을목회의 사례를 듣고 느낀 점을 이야기해 보자.

2) 교회일치를 통한 마을목회의 실천

예수 그리스도가 성도들에게 주신 다양한 직무와 은혜의 선물을 통해 교회 일치를 이루고 그리스도의 몸을 세운 것처럼, 동일한 그리스도는 그리스도인들과 교회를 작은 세상인 마을의 구원과 평화를 위해 보내졌다. 예수 그리스도의 십자가로 인해 유대인들과 이방인들이 교회 안에서 하나가 된 것처럼, 그리스도인들과 교회는 계급/계층, 인종, 문화, 종교 등으로 분열된 마을을 공공의 이익과 하나님 통치를 이루기 위해서 일치의 활동을 전개해야 한다. 이와 관련한 마을목회의 내용으로는 다문화 선교활동을 펼치거나 마을의 공익을 위한 협동조합, 사회적 기업과 같은 사회적 경제활동을 전개할 수 있다. 학교폭력이나 가정폭력 등에 대응하기 위해서 교회는 학교와 지역사회의 관련기관들과 더불어 갈등의 당사자들, 관련 공동체 구성원들로 하여금 만남, 대화, 회복적 정의 실천, 갈등전환, 평화교육에 참여하게 하거나, 교사, 학생, 주민, 학부모 등이 이런 교육을 받아 갈등으로부터 용서와 화해로 나아가는 데 기여하도록 해야 한다. 이는 학교와 가정에서, 마을에서 하나님의 사랑과 공의를 나타내는 길이며, 용서를 실천하는 길이다.

지방자치 시대에 마을의 다양한 주민들의 욕구를 생활정치를 통해 실현하는 길에 대해서 교회는 고민하고 참여할 방법을 모색해야 한다. 특히 지구생명공동체의 위기의 시대에 교회는 지역의 관련 단체/기관들과 더불어 마을을 생태마을로 만드는데 기여할 수 있다. 또는 마을의 생태계를 살리기 위한 일에 주민들과 힘을 모을 수 있다. 이는 하늘에 속한 것과 땅에 속한 것을 그리스도 안에서 통일시킨다는 우주적 교회 론에 적합한 마을목회의 형태라고 본다. 위에서 제시된 마을목회의 구체적 형태나 방향은 한 교회가 감당하기 어려운 사업/활동이다. 따라서 마을의 그리스도인들과 교회들이 같은 뜻을 지닌 기관/단체, 이웃종교들과 연대하고, 지자체와 공치(governance)를 통해 실천하는 것이 바람직하다.

〈질문 4〉 우리가 섬기는 교회가 실천가능한 마을목회가 어떤 것이 있는지, 어떻게 준비할 수 있는 지에 대해 이야기해 보자.

◇ **공동기도문** ◇

진리와 공의로 우리를 통치하시는 하나님, 비록 우리는 서로 다른 생김새와 서로 다른 모양들을 하고 있지만 삼위일체로 우리에게 크신 사랑을 베푸시는 하나님의 형상대로 지음 받았습니다. 그렇기에 우리는 서로를 돌아보고 서로를 사랑으로 품을 수 있습니다. 사랑하는 이웃과 교회들을 돌아보게 하시고 그들과 함께 같은 곳으로 바라보게 하시옵소서. 우리가 소망하며 가는 하나님 나라를 위해서 우리는 먼저 마을을 이루고 섬김과 실천을 통해서 세상과 소통해야 합니다. 세상과 소통하고 연합하여 세상에서 구별되는 그리스도인이 아니라 세상과 함께 더불어 하나님의 품안에서 평안을 누릴 수 있는 우리가 되게 하여 주시옵소서. 하나님의 사랑은 언제나 놀랍고 우리를 향하신 하나님의 뜻을 우리가 완전히 알 수 없지만, 우리가 섬기는 이웃과 교회와 세상이 모두 하나님의 말씀으로 변화되게 하시고, 이를 통해서 이루어지는 마을목회의 모든 열매들이 성령의 인도함을 받을 수 있도록 도와주시옵소서. 예수님의 이름으로 기도합니다. 아멘.

5장
마을목회와 선교적 교회론

> **요한복음 3장 16절**
> 하나님이 세상을 이처럼 사랑하사 독생자를 주셨으니 이는 그를 믿는 자마다 멸망하지 않고 영생을 얻게 하려 하심이라
>
> **에베소서 1장 23절**
> 교회는 그의 몸이니 만물 안에서 만물을 충만하게 하시는 이의 충만함이니라

1. 교회란 무엇인가?

이 질문을 던지며 오늘의 공부를 시작합니다. 교회는 과연 무엇일까요? 몇 가지 질문을 만들어 보겠습니다. 첫째, 교회는 건물일까요? 둘째, 교회는 조직일까요? 셋째, 교회는 교단이나 교파일까요? 넷째, 교회는 사람일까요? 다섯째, 교회는 예수 그리스도와 어떤 관계가 있을까요? 여섯째, 교회와 세상의 관계는 무엇일

까요? 일곱째, 교회는 공동체입니까? 이 질문들을 무작위로 던진 후 모임 중에서 함께 대화를 해 보시기 바랍니다. 예수 그리스도를 믿는 사람들은 보이는 건물로 지어진 교회당에 모여 하나님을 예배하고, 찬양하며,
기도하고, 교제하며, 세상에서 섬김의 삶을 추구합니다. 그런데 매주 교회당에 모이지만 막상 교회란 무엇인가라는 질문을 받으면 뭐라고 대답해야 할지 망설이게 됩니다. 이는 각자가 가진 교회에 대한 경험과 이해가 다르기 때문입니다. 대화를 시작하며 다음의 동영상을 함께 시청하겠습니다. "교회란 무엇인가?"라는 동영상을 함께 시청하고 나서 다시 교회란 무엇인가에 대한 논의를 하겠습니다.

　예수님을 주로 믿는 성도들은 요한복음 3장 16절의 말씀을 대부분 외울 수 있습니다. 이 구절을 같이 읽어 보겠습니다. "하나님이 세상을 이처럼 사랑하사 독생자를 주셨으니 이는 그를 믿는 자마다 멸망하지 않고 영생을 얻게 하려 하심이라." 우리가 이 구절을 소중하게 생각하는 이유는 하나님이 우리를 사랑하시어 독생자 예수님을 우리 대신 죄를 짊어지고 십자가에서 죽어 주셨기 때문입니다. 예수님을 믿음으로 인하여 성도들은 자신의 죄로 멸망하지 않고 영생을 얻게 되는 축복을 누립니다. 그러므로 우리는 이 구절을 생명처럼 여기고 감사함으로 구절을 외우기까지 하는 겁니다. 참으로 감사한 일입니다. 예수님은 우리 모두의 구세주이시며, 영원한 생명을 누리며 살게 하십니다. 그런데 여기에서 한 가지 우리가 자세히 살펴보아야 할 것이 있습니다. 하나님은 과연 예수님을 믿는 사람만을 사랑하시는 것일까요? 이 구절을 잘 살펴보면 구절 서두에 하나님이 사랑하는 대상은 예수를 믿는 이들만이 아니라 "세상을 이처럼 사랑하사"라고 적혀 있는 것을 알 수 있습니다. 하나님은 세상(Cosmos)의 모든 피조물을 사랑하신다는 점을 기억해야 하겠습니다. 물론 예수님을 믿는 이들은 멸망시키지 않고 영생을 누리게 하십니다. 그러나 하나님은 세상을 사랑하신다는 점입니다. 이에 대하여 같이 대화해 보겠습니다. 이 대화를 나누고 나서 오늘의 두 번째 구절 에베소서 1장 23절을 같이 읽고 대화를 나누어 보겠습니다.

    도입 부분에서 교회란 무엇인가에 대한 동영상을 시청하고 여러 가지 질문을 함께 던져 보았습니다. 그러면 이제 과연 교회란 무엇인가에 대한 여러분의 관점이 생기고 이전보다 조금 더 넓혀졌음을 느끼실 겁니다. '교회는 그의 몸이니라'고 했을 때 그는 누구입니까? 그것은 "예수 그리스도"를 의미합니다. 교회는 건물도, 조직도, 프로그램도 아닌 예수 그리스도의 몸인 성도들이라는 생각에 이르게 됩니다. 그런데 그 예수 그리스도의 몸인 교회는 만물 안에서 즉 하나님이 창조하신 세상 안에서 만물을 충만케 하시는 이의 충만하심입니다. 그러므로 교회는 이제 예수님을 믿는 이들의 모임이며 이 교회는 교회당 안에 갇힌 제한적인 모임이 아니라 세상에 존재하는 것이며 그 세상을 충만하게 하시는 하나님의 충만한 역사가 일어나는 하나님의 일하심, 하나님이 뜻이 역사하는 그곳이 바로 교회 즉, 예수님을 믿는 이들이 활동하는 곳이라는 말이 됩니
다. 예수님을 삶의 주인으로 믿고 그분을 머리로 모시고 사는 이들의 모임을 주로 우리는 신앙공동체로 부릅니다. 이제 이 교회가 세상 속에서 어떻게 존재해야 하는지에 대한 이야기를 나누어 보겠습니다. 이 이야기를 진행하기에 앞서 다음의 동영상을 함께 시청하겠습니다.

<질문 1> 이 동영상의 제목은 선교적 교회(Missional Church)이다. 이 영상을 보고 떠오르는 대로 예수님을 믿는 성도인 교회가 이 세상에서 무엇을 하며 어떻게 존재해야 하는지를 함께 대화해 보자.

2. 마을목회와 선교적 교회론

교회는 하나님의 사람들이 모이는 신앙공동체이기에 건물이나 조직 혹은 프로그램을 필요로 합니다. 교회가 원활하게 세상 속에서 사명을 다하기 위해서는 많은 경험과 전통이 필요합니다.

그러나 교회가 보이는 건물에 국한되지 않고, 조직이나 프로그램이나 전통에 국한되지 않는 것은 하나님이 세상을 향하여 사랑을 표현하시며 세상의 모든 피조물이 본래 주인이신 하나님과 깊은 교제하기를 원하시기 때문입니다. 그러나 우리가 아는 대로 세상의 모든 피조물이 하나님을 하나님으로 인정하지 않고 믿지 않는 상황이 되었습니다. 심지어는 하나님을 부인하는 이들도 적지 않습니다. 그러므로 교회는 세상 속에서 교회의 역할을 잘 감당해야 합니다. 교회는 먼저 교회당에 잘 모여 신앙공동체로서의 자기 정체성을 확인하고 무엇을 어떻게 하며 세상 속에서 살아야 하는지를 잘 알고 행해야 할 것입니다.

그래서 나온 두 가지 명제가 이것입니다. 그 두 가지는 모이는 교회와 흩어지는 교회입니다. 자칫 잘못 생각하면 모이는 교회에만 치중하기 쉽습니다. 그러나 모여서 설교말씀을 듣고, 결단하며, 성경공부로 구체적인 행동지침을 배우는 이유는 흩어지는 교회로서의 사명을 잘 수행하기 위해서입니다. 모이는 교회가 매우 중요합니다. 그 이유는 잘 모여 기도하고 공부하고 교제하고 예배드림으로써 힘을 얻게 되기 때문입니다.

그러나 모이기 위하여만 교회가 존재하는 것이 아니라 흩어져서 세상 속에서 교회의 사명을 다하는 것도 중요함을 기억해야 합니다. 또한 교회는 두 가지 유형이 있는데, 그것은 가시적인 교회와 불가시적인 교회입니다. 가시적인 교회는 세례에 의하여 믿음을 얻게 되고 성찬에 참여함으로 참된 교리와 사랑에 의한 연합을 증거하고 주의 말씀 안에서 일치를 확인하며 주의 말씀을 전파하기 위하여 직분을 보전합니다. 그러나 가시적인 교회 안에는 이름과 외형은 있으나 그리스도는 전혀 없는 위선자들이 섞여 있기도 합니다. 마치 좋은 밭에 마귀가 와서 가라지를 뿌리고 가듯이 말입니다.

그러므로 가시적인 교회 안에서 진심을 다하여 성도의 친교와 교제를 촉진하고 사랑을 서로 나누어야 합니다. 우리 눈에 보이는 가시적인 교회 안에 불가시적인 교회가 있다고 신학자들은 말합니다. 그들은 순수성과 도덕성을 겸비한 성도들입니다. 그러나 인간 된 우리는 다른 사람들을 함부로 판단하거나 갈라놓아서는 안 될 것입니다. 가라지 비유에 나오는 것처럼 밭에서 가라지를 뽑아 버리려다가 추수를 망칠 수도 있기 때문입니다. 이러한 신학적 심화학습을 원하는 이들은 『가정, 교회, 마을 교육공동체』(김도일 저)의 2장을 읽어 볼 수 있습니다.

교회당을 구원의 방주로만 이해하기보다는 구원의 방주이면서 동시에 세상 속에서 하나님의 사랑을 실천하기 위한 전초기지로 생각하며, 마을 사람들이 있는 마을로 들어가 흩어져 함께 살아가며 그 속에서 선교적 교회로서의 삶을 실천할 때 세상 속에서 아직 복음을 들어보지 못하고 교회에 대하여 이기적인 집단으로 오해하는 이들에게 하나님의 사랑을 전하며 피조물이 예수 그리스도를 통하여 하나님께 나아오는 것은 너무도 자연스러운 것이며 인생의 진정한 목적은 자신의 본질적인 부모인 하나님을 믿고 사는 것을 교회를 통하여 알게 하는 것이 중요합니다.

〈질문 2〉 다음의 생각을 나누어 보자.

이전에 우리가 갖고 있던 교회에 대한 개념과 본 성경공부를 통해서 깨달은 점의 차이점이 있다면 함께 생각을 나누어 봅시다. 그리고 과연 예수님을 머리로 하는 신앙인의 모임인 교회 즉, 우리가 지역사회 곧 마을에서 무엇을 어떻게 해야 우리의 사명을 다할 수 있을지를 서로 나누어 봅시다. 대개 교회에서 말하는 선교하는 교회와 선교적 교회와의 개념적 차이에 대하여 대화해 보는 것도 좋습니다. 일반적으로 선교하는 교회는 선교를 수행하는(Doing Mission)것을 의미하며, 선교적 교회는 선교적으로 살아가는 존재(Being Mission)에 대하여 말합니다. 이 두 개념 중 여기에서 말하는 진정한 본질적 교회의 모습은 무엇일지를 서로 대화해 봅시다.

〈질문 3〉 본질적인 교회의 모습은 무엇이며, 우리가 생각하는 교회는 어떤 모습일까?

3. 제자직과 시민직 모두를 수행하는 신자

1) 제자직과 시민직

교회는 성도들의 무리를 의미하며 세상이 그들의 활동무대가 됩니다. 그렇다면 하나님이 함께 하시는 교회로서 세상 속에서 어떻게 살아야 할지를 서로 대화하기를 원합니다. 디트리히 본회퍼(Dietrich Bonhoeffer)나 월터 브루그만(Walter Bruegemann)같은 이가 말한 것처럼 우리가 세상 속에서 교회의 역할을 제대로 수행하려면 예수 그리스도의 제자이면서 동시에 세상 속에서 건강한 시민이 되어야 합니다. 이를 위하여 세상을 바라보는 우리의 시각이 건강해야 합니다. 건물로 대변되는 교회당과 세상을 구분하는 것은 바람직하지 않습니다. 높이 교회의 벽을 쌓고 세상과 분리된 삶을 지향하면 영적인 것과 육신적인 것을 분리하는 이분법적인 삶을 추구하기 쉽습니다.

그러므로 교회당은 마을 속에서 벽을 헐고 마을 사람들이 교회 마당으로 들어와 교류할 수 있는 장, 플랫폼이 되는 것이 중요합니다. 마치 사람들이 기차를 타기 위해 대합실에서 모여 표도 사고, 음식도 사먹으며 목적한 곳으로 가는 열차를 기다리듯이 말입니다. 그러므로 교회의 일원인 그리스도인으로서 살아간다는 의미는 교회당 밖 사람들이 살아가는 인간 세상과는 동떨어진 곳에서가 아니라 가장 인간적인 모습으로 더불어 살아간다는 것을 의미합니다.

한때 "죄 많은 이 세상은 내 집 아니네. 내 모든 보화는 저 천국에 있네"라고 시작되는 복음성가가 유행하던 때가 있었습니다. 일견 천국을 소망하는 신앙을 부추기는 찬양인 것 같으나, 실은 죄 많은 이 세상도 하나님이 허락하신 우리의 집이며 영생은 지금 여기에서 시작되었다고 고백하는 것이 더 합당할 것입니다. 물론 천국은 존재하며 예수님을 믿는 모든 이들이 가서 거할 곳이지만 육신을 입고 사는 이 세상을 죄악시하며 사는 것이 더 신앙적인 것 같지 않습니다. 이러한 관점에 대하여 서로 대화를 나누어 봅시다.

또한 하나님이 사랑하시는 세상 속에서 선교적 삶을 살아가는 교회의 일부인 성도들은 교회당 안에서만 통용되는 언어만 능통하기보다는 교회당 밖에서 세상 사람들이 이해하는 언어에도 능통해야 할 것입니다. 이를 보통 이중 언어 활용능력이나 제자직과 시민직을 동시에 수행하는 것으로 말합니다. 본회퍼가 말한 것처럼 교회된 그리스도인은 이 세상을 무대로 활동합니다. 세상에 적응해 함께 일하고 영향을 끼치며 이곳에서 하나님의 뜻을 행하는 것이 바람직합니다. 이에 대한 생각을 나누어 보고 서로 한 가지 결단을 나누어 봅니다. 예를 들어, "나는 이제 세상을 죄악시하여 어떻게 하면 전도하여 교회당으로 데리고 들어올까만 생각하며, 마을에 살면서도 마을 사람들의 삶에는 전혀 관심이 없었는데, 이제는 그들의 삶속으로 들어가 삶을 나누며 그들의 사정을 파악하여 도울 일이 있으면 돕고, 함께 기뻐하고 함께 슬퍼하는 삶을 살고자 노력하고자 합니다"라고 고백해 보는 것은 어떨까요?

〈질문 4〉 위와 같은 고백문을 구체적으로 만들어 소그룹 안에서 서로 나누어 보자.

2) 삼위일체적 연대와 마을목회

마치 성부, 성자, 성령 하나님께서 상호내주, 상호침투, 상호연대 하시는 것처럼, 우리는 거룩한 하나님의 교회 즉 신앙공동체로서 세상 속에서 생활공동체를 이루어 서로가 서로를 위하여 존재하며, 서로의 삶에 깊은 관심을 가지며, 서로 협동하고 연대함으로 마을 속에서 하나님의 거룩한 백성으로 예수 그리스도를 머리로 모신 교회로서 존재하고 행동할 구체적인 적용을 위한 실천강령을 만들어 봅니다. 예를 들어, 우리 교회가 존재하는 마을에서 소외된 사람이 없는지, 외롭고 가난해서 혼자서는 도저히 견디기 어려운 이웃이 없는지를 살펴보는 노력을 모든 성도가 구역을 나누어 기울여 보는 것이 좋습니다. 복음을 들고, 사랑의 온기를 품고 주변 마을 사람들에게 다가가는 노력을 기울이는 구체적인 방안을 서로 나누어 보는 계획을 짜 보는 것은 어떨지요? 이웃을 환대하고 보살피며, 관계가 형성된 다음 구원의 비밀을 나누어 보는 것은 어떨까요? 마을 사람들과 인격적인 관계 형성을 위해 마음의 벽을 헐고 다가가고 마을의 중요한 일들을 교회가 후원하며 좋은 일은 함께 기뻐하고 슬픈 일은 함께 가슴 아파하며 같이 우는 진정한 마을 사람이 되는 것이 전도 이전에 실천해야 할 일이 아닌지 서로 대화하며 실천방안을 마련해 보는 것이 좋을 것입니다. 하나님이 독생자를 주시기까지 사랑하신 이 세상을 우리도 사랑하며 만물 안에서 모든 만물을 주의 사랑으로 말씀으로 충만하게 하시기까지 하나님의 교회로서 살아나가는 것이 매우 중요함을 서로 나누고 이 말씀대로 살기를 결단하고 적용해 나가는 노력 방안을 서로 나누어 봅니다.

◇ **공동기도문** ◇

우리 각자에게 이전에 가졌던 협소한 교회이해에서 벗어나 진정한 회심이 일어날 수 있도록 우리의 삶과 생각들을 변화시켜주시옵소서. 삼위이신 하나님이 일체가 되어 일하시고 우리 모두를 사랑하시고 우리 속에서 선한 일을 하시는 것처럼, 우리도 삼위일체적 연대와 교회론에서 말하는 회심을 이루어 하나님이 기뻐하시는 참된 그리스도인으로 거듭날 수 있도록 도와주시옵소서. 본질적 삶을 우리가 살고 있는 마을, 즉 세상에서 이루어 드림으로써 하나님께 영광을 돌릴 수 있도록 우리의 믿음을 굳게 하시고 주님의 역사하심을 믿고 나아갈 수 있도록 하시옵소서. 예수님의 이름으로 기도합니다. 아멘.

6 장
하나님 나라 사역으로서의 마을목회

> **마가복음 1장 15절**
>
> 이르시되 때가 찼고 하나님의 나라가 가까이 왔으니 회개하고 복음을 믿으라 하시더라
>
> **누가복음 4장 18-19절**
>
> 18주의 성령이 내게 임하셨으니 이는 가난한 자에게 복음을 전하게 하시려고 내게 기름을 부으시고 나를 보내사 포로 된 자에게 자유를, 눈 먼 자에게 다시 보게 함을 전파하며 눌린 자를 자유롭게 하고 19주의 은혜의 해를 전파하게 하려 하심이라 하였더라

1. 세상 바라보기

"억만장자 62명 재산 = 36억 명 재산"
"지난해 상위 1%가 가진 재산 99%의 부 추월한 것으로 보여"

세계 최상위 부자 몇 명의 부를 모아야 세계인 절반(하위 50% 기준, 36억 명)의 재산과 맞먹을까? 그리고 이 부자들을 모두 한꺼번에 태우려면 어떤 운송수단이 필요할까?

국제 구호단체 옥스팜에 따르면, 이 부자들을 태우려면 2010년에는 대형 여객기 1대가 필요했지만, 2014년에는 이층버스 1대면 됐고, 지난해에는 관광버스 1대면 충분했다. 세계인 절반의 부를 채울 수 있는 부자들 수가 2010년에는 388명이 필요했지만, 2014년 80명, 지난해엔 62명이면 됐기 때문이다. 이런 추세대로라면 2020년엔 승합차 1대만 동원해도 될 것 같다.

옥스팜은 스위스 다보스에서 열리는 세계경제포럼(WEF) 연차총회(일명 다보스 포럼)를 앞두고 18일 "부: 모든 것을 가지고도 더 원하는 것"이라는 보고서를 통해 이렇게 경고했다. 세계 하위 50%에 해당하는 이들의 부는 2010년에는 2조 5000억 달러가 넘었으나, 지난해에는 약 1조 8000억 달러가 되었다. 반대로 세계 최상위 부자 62명이 가진 부는 같은 기간 5000억 달러 이상 늘어서 약 1조 8000억 달러가 됐다.

옥스팜은 상위 1%가 가진 부와 나머지 99%가 가진 부도 비교해봤다. 그랬더니 상위 1%가 가진 부가 올해는 나머지 99%의 부를 합친 것보다 많을 것이라는 전망이 나왔다. 상위 1%가 가진 부가 전 세계 부에서 차지하는 비중은 2000년 48.7%에 이르렀다가 2009년 44%까지 줄었다. 하지만 이후 다시 점점 늘어서 2014년 48.1%로 늘었다. 옥스팜은 지난해 연말 기준으로 계산한다면 이미 지난해에 상위 1%가 차지하는 부가 나머지 부를 합친 것보다 많았을 것이라고 추정했다.

옥스팜은 부의 격차가 커지는 이유 중 하나로 조세 회피를 들었다. 세계 최상위 부자들의 역외 재산만 해도 7조 6000억 달러에 이르며, 이 재산에 세금만 제대로 매긴다면 한해 1900억 달러를 더 걷을 수 있다고 밝혔다. 옥스팜은 소득 격차 확대 또한 이런 불평등의 중요한 원인이라고 진단했다.

옥스팜은 크레디스위스의 세계 부 자료와 미국『포브스』의 억만장자 자료를 토대로 이 보고서를 작성했다(출처: http://www.hani.co.kr/arti/international/globaleconomy/726711.html)

〈질문 1〉 위의 기사를 읽고 느낀 점을 나누어 보자.

〈질문 2〉 이렇게 심각한 소득의 불균형이 일어나는 원인은 무엇이라고 생각하는가?

〈질문 3〉 이러한 극심한 양극화 시대 속에서 교회의 역할은 무엇일까?

2. 세상에서 성경으로

오늘의 본문, 마가복음 1장 15절은 예수님이 공생애를 시작하시면서 선포하셨던 처음 메시지이고, 누가복음 4장 18-19절은 예수님이 공생애를 시작하실 때 자신의 사역의 청사진으로 선포하셨던 취임사의 말씀입니다. 오늘의 표현으로 하면 예수님의 사명선언문인 것입니다. 그런데 거의 모든 신약학자들이 말하듯이 예수님의 사역과 가르침의 핵심은 하나님의 나라입니다. 그렇다면 오늘의 본문은 예수님의 하나님 나라 사역의 청사진을 보여주는 매우 중요한 본문이라고 할 수 있습니다.

1) 하나님의 나라는 미래적인 나라이며 동시에 현재적인 나라이다.

오늘 본문에서 우리는 예수님이 선포하셨고, 구현하셨던 하나님 나라는 역사의 종말에 완성될 하나님의 나라이지만 동시에 그것은 현재적인 하나님 나라라는 점을 알 수 있습니다. 예수님이 선포하셨던 하나님의 나라는 미래적 완성을 기다리는 나라이긴 하지만 그에 못지않게 지금 여기 이 땅 위에 현존하는 나라라는 사실을 보여주는 구절은 마태복음 6장 10절입니다. "나라가 임하시오며, 뜻이 하늘에서와 같이 땅에서도 이루어지이다." 이 말씀에 대해 블룸하르트는 "이 땅 위에서 하나님의 이름이 거룩하게 되고, 이 땅 위에서 하나님 나라가 이루어지며, 이 땅 위에서 하나님의 뜻이 실현되는 것이다. … 하나님을 이 땅 위에서 선포해야 한다. 나는 이 땅 위에 계신 하나님을 모시고 살아간다. … 이 땅은 하나님 나라의 무대이다. … 하나님 나라는 이 땅과 직접적으로 관련되기 때문이다. 하나님 나라는 지금 이 땅과 함께 살아 역사한다. … 구원자는 현세에 거하신다. 하나님의 목표는 현세이다"라고 설명했습니다. 또한 존 도미닉 크로산은 "하나님 나라는 이 세상을 향한 하나님의 의지를 보여주는 것이다. … 하나님 나라는 이 세계를 하늘로 피난시키는 것이 아니라 거룩하게 변화시키는 것이다"라고 하였고, 몰트만은 "예수님은 하나님 나라는 임박한 것이 아니라 바로 지금 현존하는 것이라고 선언한다. 다시 말해서 하나님 나라는 이미 지금 이 세상에 있었다. 설사 미래에 하나님 나라가 완성된다 하더라도 하나님 나라는 이미 현존하는 실재이지 임박한 미래의 일은 아니었다"라고 하였습니다.

〈질문 4〉 우리가 그동안 생각한 하나님 나라는 주로 어떤 개념이었는지 이야기해 보자.

2) 하나님 나라의 특성

예수님이 취임사의 말씀으로 선포하셨던 누가복음 4장 18-19절은 예수님이 이사야 61장 1-2절을 인용하여 선포하신 말씀입니다. 그러니까 예수님의 하나님 나라 이해는 이사야서를 배경으로 하고 있다고 볼 수 있는데 이사야에서 하나님 나라, 즉 하나님의 통치가 이루어질 때 몇 가지 특성이 나타나는 것을 볼 수 있습니다. 이사야서에서 하나님의 통치에 대해 말하는 구절들을 보면 일곱 가지의 특징들이 나타나는 데 첫째 특징은 해방 또는 구원(해방 또는 구원의 의미는 이사야서의 17개 해방 본문에서 나타난다)이고, 둘째 특징은 정의(16개 본문에서 나타남)이며, 셋째는 평화(14개 본문에서 나타남)이고, 넷째는 기쁨(12개 본문에서 나타남)이고, 다섯째는 영 또는 빛으로의 하나님의 임재(9개 본문에서 나타남)이며, 여섯째는 치유(7개 본문에서 나타남)이고, 일곱째는 포로귀환(9개 본문에서 나타남)입니다.

여기서 알 수 있는 것은 이사야에서의 하나님의 나라(하나님의 통치)는 역사의 현실과는 무관한 초역사적인 구원, 즉 지금 여기에서의 고통과는 무관한 먼 미래의 저 세상적인 구원만을 말하는 것이 아니었다는 사실입니다. 이사야와 예수님이 선포한 하나님 나라는 지금 여기에서 맛볼 수 있는 하나님의 자유와 해방, 지금 여기에서 고통당하는 사람들이 경험할 수 있는 하나님의 치유와 회복과 기쁨이었으며, 불의한 사회에 대한 비판과 새로운 사회질서로의 변화를 지금 여기에서 만들어 가시는 하나님의 정의와 평화였습니다. 결국 이사야와 예수님의 하나님 나라 사역은 자유와 해방, 치유와 회복과 기쁨, 정의와 평화가 이루어지는 하나님 나라 공동체, 즉 새로운 세상(마을) 만들기 운동(세계변혁운동 또는 사회변혁운동)이었다고 할 수 있습니다.

그래서 예수님은 앞으로 펼쳐질 당신의 하나님 나라 사역을 구체적으로 제시하여 말씀하시기를, "주의 성령이 내게 임하셨으니 이는 가난한 자에게 복음을 전하게 하시려고 내게 기름을 부으시고 나를 보내사 포로 된 자에게 자유를, 눈 먼 자에게 다시 보게 함을 전파하며 눌린 자를 자유롭게 하고 주의 은혜의 해를 전파하게 하려 하심이라"라고 선포하셨던 것입니다.

<질문 5> 하나님 나라(하나님의 통치)가 이루어지면 우리 자신의 삶과 가정과 교회와 지역사회에서 어떤 일이 일어나는지(일어나야 하는지) 이야기해 보자.

3) 하나님 나라 징표로서의 희년

"주의 은혜의 해를 전파하게 하려 하심이라" 이 말씀은 예수님의 취임사의 결론과 같은 말씀입니다(블로서 D. Blosser는 "희년의 선포는 예수님의 메시지의 중심"이라고 말한다). 여기서 주의 은혜의 해는 바로 희년을 말하는 것인데 존 하워드 요더는 희년을 가리켜 하나님 나라의 선구자적인 징표라고 하였습니다. 레위기 25장에 보면 희년이 될 때 네 가지 요구가 실천되어야 합니다. ① 노예를 해방시켜야 하고, ② 땅을 원주인에게 돌려주어야 하고, ③ 부채를 탕감해주어야 하고, ④ 땅을 쉬게 해야 합니다. 결국 이 말씀은 다름이 아니라 그리스도인으로 하여금 이 땅에서 하나님 나라의 가치관을 따라 하나님 나라의 새로운 사회 질서를 만들어가라고 하시는 하나님의 사랑의 명령이라고 볼 수 있습니다. 다시 말해 희년을 지키라는 명령은 소수의 사회적 강자가 부와 권력을 독점하는 불의한 세상을 사회적 약자들도 함께 더불어 살아가는 아름다운 세상으로 변화시키라는 하나님의 사랑의 명령인 것입니다.

요더는 누가복음 4장 19절에 나타난 예수님의 희년 메시지에 대해 말하기를, "예수님의 말씀을 통상적인 의미로 이해한다면 우리는 마리아나 요한의 경우에서처럼 예수님의 선언 역시 새로운 통치의 즉각적인 적용을 말하는 것으로 보는 것이 마땅하다. 이 새로운 통치의 표지는 부자가 가난한 자들과 소유를 나누고, 갇힌 자가 자유를 얻으며, 이 소식을 듣고 믿는 자들 속에 새로운 마음 자세(회개)가 생겨나는 것이다"라고 설명하였습니다.

결국 희년의 메시지는 예수님의 사역의 핵심이었음이 틀림없지만 그것은 예수님뿐만 아니라 예수님을 주님으로 고백하는 모든 하나님 나라 백성들이면 누구나 세상의 가치관, 세상적인 삶의 방식과는 전혀 다른 새로운 가치관, 새로운 삶의 질서, 새로운 삶의 방식으로 승자가 모든 것을 독식하는 불의하고, 불평등한 지금 여기의 세상 속에서 하나님 나라의 새로운 공동체를 이루어가야 한다는 메시지이기도 한 것입니다.

〈질문 6〉 그리스도인들은 하나님 나라 백성으로서 교회와 지역사회와 우리나라와 세계 속에서 희년 정신을 어떻게 실천해나갈 수 있는지 이야기해 보자.

3. 성경에서 실천으로: 교회인 듯 교회 아닌 듯 마을과 지역 품은 사랑방, 경기 화성 더불어숲동산교회

옛말에 "든 자리는 몰라도 난 자리는 안다"라고 했다. 만약

자기 동네에 있던 교회가 사라지면 마을사람들의 반응은 어떨까. 소음과 교통체증이 사라졌다고 시원해할까 아니면 아쉬워할까.

더불어숲동산교회는 8년 전 경기도 화성시 봉담읍 동화길 85번지 이원타워빌딩 건물 한쪽에 개척하면서 '마을사람들이 붙드는 교회'를 목표로 삼았다. 그건 마을사람들을 모두 선교해 자기 교회에 나오게 하겠다는 것이 아니었다. 이도영(49) 목사는 "교회는 마을사람들이 모두 필요로 하고 좋아하는 장소가 되어야 한다"라고 말했다. 교회는 목사가 개척했다고 목사의 것도, 성도들이 헌금해 만들었다고 해서 그들만의 것도 아니므로 모두가 쓸 수 있는 공공재로 활용해 마을을 살리고 지역을 살리는 장소가 되도록 해야 한다는 것이다.

이 교회에는 이제 어른과 아이 포함하여 250여 명이 출석한다. 처음 15명으로 출발한 것에 비하면 장족의 성장이지만 여전히 단독 건물 없이 건물 10층에 세 들어 있는 작은 교회다.

건물 10층 엘리베이터에서 내리면 입구는 카페인데, 2층 천장까지 책이 빼곡히 들어찬 도서관이다. 2층 다락방들을 비롯한 곳곳의 세미나실들을 봐서는 공부방이다. 이곳이 바로 마을사랑방 '페어라이프센터'다. 센터와 연결된 예배당도 마찬가지다. 단 5분이면 십자가가 가려지고 강대상이 치워져 교회라는 느낌 없이 마을사람들이 연극을 하거나 강연을 들을 수 있게 변한다. 애초 이 건물 3층에서 좁게 시작한 교회는 3년 전 10층으로 확장 이전하며 마을사랑방으로 재탄생했다.

이 센터의 의미는 사람들이 알 턱없는 보통의 건물 10층으로 마을사람들을 끌어들였다는 데 있지 않다. 중요한 것은 그들이 무엇을 하느냐다. '공정하고 정의로운 삶'이란 의미를 담은 '페어라이프'란 이름이 '지향점'을 말해준다. 이 카페에서는 공정무역 커피와 먹거리를 판다. 6개월 과정의 공정무역 교실에서는 한 기당 20명 안팎씩 3기를 양성했고 그들이 벌써 공정무역 강사로 활약하기 시작했다. 제3세계 커피노동자 등을 착취하고 이윤 대부분이 중개무역상과 다국적기업에 돌아가는 부당한 무역에 맞서는 공정무역 교실은 단지 커피만 생산자와 직접 계약해 판매하는 것에 그치는 것이 아니라 일상적인 소비 등 삶의 패러다임을 바꾸기 위해 노력하고 있다.

이 교실을 시작한 것은 이 목사의 부인 임영신(47)씨다. 임씨는 녹색연합과 참여연대, 아름다운재단 초기 간사로 활동하고, 이라크전에 반대하는 인간방패로 활동했던 평화운동가이기도 하다. 이 카페는 아름다운재단에서 출발한 공정무역커피점 '아름다운커피'와 협약을 맺은 1호점이다. 이곳에서 공정무역 교실과 '가치삶 마을학교'도 함께 열어 화성의 시민단체들과 함께 환경운동가 최병성 목사와 세월호 유가족들을 초청해 강의를 듣기도 했다. 이어 화성시와 함께 인근 협성대에서 공정무역 국제콘퍼런스를 열기도 하였다.

이를 계기로 더불어숲동산교회와 교제하는 화성시내 4개 교회가 공정무역 운동에 동참하는 공정무역 교회로 거듭났다. 화성시를 비롯한 경기도 5개 도시도 '공정무역 도시'를 선포하기로 했다. 조례를 제정해 도시 차원의 공정무역 지원을 본격화하는 경기도의 공무원들은 이곳에서 임씨에게서 공정무역에 대한 설명을 듣기도 하였다.

'공정무역'은 이곳에서 일상적 삶으로 파급된다. 마을사람들은 이곳에서 천연세제나 머그컵 등을 직접 만들 뿐 아니라 도시에서 버려지는 현수막을 수거해 쇼핑백을 만든다. 또 헌책을 수거해 팔아 수익금을 분쟁지역에 평화도서관 건립기금으로 보내고, 크리스마스 직전엔 벼룩시장을 열어 수익금으로 애육원 아이들이 희망하는 옷과 신발 등을 사서 그곳 트리 아래 놓아두는 깜짝 이벤트도 연다.

마을사람들은 재료비만 식구 수대로 내고 물김치나 밑반찬을 함께 만들어 가져가기도 한다. 또 브런치 카페를 해보고 싶은 마을주민은 가게를 얻기 전에 이곳에서 브런치를 만들어 팔아 반응을 보기도 한다.

인근 과천이나 수원에 비해 가정 형편이 어려운 경우가 많은 아이들도 이 센터에서 날개를 단다. '학교 밖 학교'인 '화성으로 가는 스쿨버스'에 참여한 아이들은 목장과 도예원 등으로 '숨은 고수'들을 찾아 인생강의를 듣고, 실습도 하며 새로운 '화성지도'를 만들고, 자기들의 '희망지도'를 그린다. 또 '토요일만의 예술학교'에선 글쓰기, 노래, 춤추기를 배운다. 20여명의 아이들 중 3분의 2는 교회에 나오지 않는 지역 아이들이다. 이 아이들은 1년간 이

과정을 마치고 함께 「네모를 찾아서」란 뮤지컬을 만들었다. 또 함께 '공정여행'에 나서 제주 강정마을도 다녀왔다. 이 아이들이 청계천에서 열린 세월호 국민대회 때 무대에 올라 부른 '기억할게 0416'도 자기들이 공동으로 작사, 작곡한 것이다. 이 곡은 세월호 유가족들로 구성된 노란리본극단의 연극 「이웃에 살고 이웃에 죽고」의 엔딩곡이 됐다. 이 아이들은 오는 12월10일 노란리본극단과 함께 예배당에서 그 연극을 공연한다.

　이 교회는 예수교장로회합동교단 소속이다. 우리나라에서 가장 보수적인 교단 중 하나다. 더구나 봉담 지역에는 가정형편이 어려운 교인이 많다. 그래서 이 목사는 지인들한테서 이런 목회를 하려면 '개념 있는' 사람들이 많은 서울에서 할 것이지 왜 봉담 같은 곳에서 이러고 있느냐는 핀잔도 듣는다고 한다. 그러나 이 목사는 "이런 지역이기에 마을을 살리는 게 더 필요하지 않으냐"라고 했다. 이런 곳이기에 '서로 돕고 함께하는 마을' 사랑방이 더 절실하다는 것이다.

　이 목사가 처음 세월호에 대해 설교했을 때 핵심 세 가정이 떠나겠다고 했다. 이 목사는 "우선 생존의 문제 등으로 고통 받는 성도들로선 개인적 위로와 성령 치유에 갈급해 타인과 세상에까지 시선을 돌리기 어렵기에, 교회가 타인과 세상을 위해 있다는 존재 이유를 공감하는 데 어려움이 있었고, 저도 눈물을 많이 쏟았다"고 했다. 그럼에도 이 목사는 "우리들 수준에서 우리의 속도로 대안을 만들어왔다"고 했다. 그 덕에 이곳은 이 지역에 없어서는 안 될 '봉담사랑방'이 되어가고 있다(2017-11-14 조현 종교전문 기자 출처: http://www.hani.co.kr/arti/society/religious/819025.html).

〈질문 7〉 어떻게 우리의 교회와 지역사회 속에서 하나님 나라 공동체를 만들어갈 수 있는지 이야기해 보자.

◇ **공동기도문** ◇

우리를 하나님 나라의 공동체로 불러주신 하나님, 하나님의 은혜에 무한한 감사를 드립니다. 하나님은 우리의 한 사람, 한 사람을 사랑하시고, 더불어 하나님의 형상으로 지음 받은 우리 모두를 사랑하십니다. 하나가 모여 둘을 이루고, 둘이 모여 셋을 이루듯이, 우리는 하나님을 믿는 사람들로서 공동체를 이루고 살아갑니다. 하나님, 이 공동체가 서로의 필요와 이익만을 따지는 공동체가 아니라 온전하고 순전한 마음으로 하나님 나라에 대한 소망으로 함께 모인 하나님 나라의 공동체가 될 수 있도록 하시옵소서. 우리의 하나된 마음이 하나님을 향하고 우리의 소망을 통해서 이루어질 하나님 나라의 비전을 공유하며 나아갈 수 있도록 우리의 마음과 삶을 인도하여 주시옵소서. 예수님의 이름으로 기도합니다. 아멘.